Lettres à un petit prince sort[illegible]a bulle

Au-delà du témoignage

Collection dirigée par Dominique Davous

Ces femmes, ces hommes qui écrivent dans cette collection confrontent le lecteur à la puissance du témoignage, conçu aussi bien comme rapport à l'événement extraordinaire - celui qui fait de vous un autre - que comme rapport au quotidien ordinaire de la démarche d'une vie construite dans la durée. Puis, retraversant leur vécu, ils en dégagent les lignes de force, ils introduisent la pensée dans l'expérience, rejoignent l'universel dans le singulier et, au-delà de leur témoignage, risquent une parole critique pour suggérer d'autres possibles. L'expérience vivante de leur histoire incite le lecteur à la laisser résonner en eux.
L'enfant est au cœur de la collection, l'enfant à naître, l'enfant vivant, l'enfant bien portant qu'il soit bien ou mal-traité, l'enfant malade, l'enfant qui meurt aussi. La collection porte des regards sur la médecine, les soins, des démarches thérapeutiques, l'éducation et les personnes âgées malades.

Déjà parus

Martine SILBERSTEIN, *Ma Princesse est atteinte de leucodystrophie. Témoignage d'amour d'une mère à sa fille*, 2010.
Ange AYORA, avec l'aide de Claire DEVEZE, *Mais pour dormir, vous faisiez comment ? Moi, Ange, résistant, déporté*, 2009
Gaëlle BRUNETAUD, *Marie-Kerguelen. Histoire d'un deuil périnatal*, 2009.
Florence PERIER, Michèle BROMET-CAMOU, *La désadoption. Une famille pour Hugo ?*, 2007.
Françoise GOURGUES, Marie-Hélène WAGNER, *Rencontres avec les malades Alzheimer*, 2007.
Nicole D'ARCY, *Le cahier qui parle*, 2006.
Victoria GRANT, *Un linceul pour trois,* 2005
Michèle VIALLET, *Dans la tourmente de l'épilepsie,* 2005.
Anne CURMI, *La cicatrice. Une traversée du cancer,* 2005.
J.-J. GERARD et B. BERGIER, *De chair et de sens*, 2004.
Frédéric SPIRA, *Mourir, vivre... ou survivre ? Itinéraire d'un Éducateur Spécialisé*, 2004.
Claire DEVEZE. *L'encre de ta mémoire – En hommage à Sébastien ton fils*. Préface de Nathalie NAVARRO. 2003.
Martine COUDERC. *Boule de feu – Comprendre les grands brûlés*. Préface Dr Jean-Marie GOMAS. 2003.
Micheline CARPENTIER. *Quelques mots sur une absence*. 2002.

Catherine de La Presle

Dominique Valeton

Lettres à un petit prince sorti de sa bulle

Une clé pour l'autisme ?

L'Harmattan

5-7, rue de l'Ecole polytechnique, 75005 Paris

http://www.librairieharmattan.com
diffusion.harmattan@wanadoo.fr
harmattan1@wanadoo.fr

ISBN : 978-2-296-12403-5
EAN : 9782296124035

Sommaire

PRÉFACE

D'un petit prince aux autres…

C'est l'histoire d'un parcours exemplaire et d'un combat gagné contre le sort, avec quelques atouts : l'intelligence, l'énergie, la constance et le dévouement. Un enfant est sorti de sa bulle grâce à l'acharnement de sa grand-mère, transformée en général d'armée familiale. Ce succès a menée naturellement celle-ci à créer l'association Autisme Espoir Vers l'Ecole pour répandre sa « méthode de 3I » : un plan d'action élaboré après avoir méthodiquement digéré son expérience et les connaissances acquises en partie Outre-atlantique en matière de prise en charge de l'autisme. Ah, je l'entends qui s'insurge à cette expression ! La méthode des 3I remet sur les rails des enfants autistes, non l'autisme ; d'ailleurs autant d'enfants autant de syndromes autistiques…

Cette femme hors du commun me téléphone un jour parce qu'elle veut que cela se sache. Catherine de la Presle a gagné, je l'écoute en journaliste, en médecin qui a étudié les neurosciences. Sa mise en oeuvre cohérente de choses simples, mais ardues, me convainc de son sérieux et de la réalité de ses résultats. Une équipe bénévole assidue, de la discipline et des sacrifices pour les parents, une organisation solide et un raisonnement affûté : on n'a rien sans rien. Fait remarquable, l'association a obtenu presque sans financement ni lucrativité louche, des résultats francs et désintéressés. Les Petits Princes du Silence redeviennent, pour la plupart, des enfants comme les autres, non des extra-terrestres qui s'éloignent inexorablement de notre monde.

Le temps de la reconnaissance

Documents à l'appui, les équipes de bénévoles et de psychologues constituées autour des parents valident la méthode des « 3I » et son pragmatisme rationnel. Les Centres de Ressources Autisme (CRA) commencent à s'y intéresser au vu parfois stupéfiant des bilans de suivi. Bientôt l'observation clinique objective, sur cinq années, d'une cohorte de cent cinquante enfants rendra la plaidoirie inutile : le verdict des faits parle haut.

Le bouche à oreille a des mérites, mais s'il fait le succès populaire il ne fait pas la reconnaissance officielle. Il y a tant de prédateurs de la détresse humaine, tant de vessies prises pour des lanternes, tant de vanités aux commandes de vulgates plus ou moins scientifiques qu'on conçoit les réticences institutionnelles. Elles devraient s'estomper avec les résultats que défend Catherine de la Presle.

Souhaitons un bel avenir à la méthode des 3I. Son excellent rapport coût/bénéfice, son organisation respectueuse des parents autant que des enfants en font un outil de premier choix face à l'augmentation des syndromes autistiques. Allons jusqu'à souhaiter qu'elle inspire l'éducation de tous les enfants, puisqu'on juge l'arbre à ses fruits.

Dr Sophie Duméry
Médecin, Docteur en Neurosciences
Journaliste Medico scientifique

« Lettre à un Petit Prince sorti de sa bulle » Une clé de L'autisme ?

A la fin de ma longue carrière d'enseignante, rien ne prédisposait à m'occuper d'autisme. Ce fut un hasard malheureux : l'aîné de la grande tribu de mes petits enfants, Augustin, était autiste ; à cette date en 2004, rien ne lui était proposé en France ; nous avions près de trente ans de retard en matière d'autisme, ce qu'a exprimé cette année-là le Conseil de l'Europe. Augustin était ainsi condamné à rester enfermé dans sa bulle toute sa vie, par tous les professionnels rendant les mamans responsables de l'autisme de leur enfant.

Je ne me résignais pas à ce verdict que me semblait contredire le fait qu'il y a quatre garçons autistes pour une fille (les mamans aimeraient-elles moins les garçons ?). Derrière le masque impassible de mon petit fils Augustin, je sentais qu'il y avait un petit être qui souffrait de ne pouvoir s'exprimer.

Décidée à me battre pour lui, je suis partie avec son autre grand-mère aux Etats Unis, découvrir ce qui était proposé comme solution par le jeu. Ses parents étaient sous le choc du verdict « non-dit » mais clair !

Dans l'avion de retour, je pris l'engagement que s'il sortait de cette bulle hermétique et sortait de son silence, je créerai une association pour aider les autres petits princes du silence à faire de même.

Grâce à une équipe de bénévoles formidables, après plus de 3000 heures de jeu en dix huit mois, il est sorti de son silence et mène aujourd'hui une vie normale, très bon élève de CE2, alors que son QI, à deux ans n'avait rien de prometteur !

Peu à peu, j'ai compris comment le jeu intensif, interactif et individuel dans une salle de jeu l'avait fait renaître ; cela se vérifia pour tous les enfants du silence suivis. J'en fis une méthode « développementale » avec une grille de lecture simple, adaptée à tous les enfants à trouble du développement quel que soit leur âge.

Ce livre rappelle à Augustin son histoire et propose une clé de l'autisme à travers l'analyse de la réussite de la méthode des 3i auprès de lui et des tous les petits princes sortis de leur silence.

Il lui exprime aussi à travers l'amour et l'émerveillement d'une de ses chères bénévoles tout le chemin parcouru, qui l'a amené à découvrir cette magie du mot.

1ère PARTIE

Lettre à mon petit fils

Petit Prince du Silence

Mon petit Augustin, plus tard, tu ouvriras ce livre et tu pourras connaître ton histoire ; je vais te la raconter comme je l'ai vécue, moi, ta grand-mère.

CHAPITRE 1

Un beau bébé mais différent des autres

Augustin, tu as eu la chance de naître l'aîné d'une grande tribu de petits enfants : notre temps et notre amour pour toi étaient sans limites.

Tu es né au printemps 2001, arborant un poids prometteur de 4kg 200, tu étais superbe malgré un petit crâne en poire bien marqué, pour cause de forceps ou de problèmes ?

Dès les premiers jours, tu étais un bébé sage, trop sage sans doute.

Ton regard et tes sourires croisaient rarement les nôtres et pourtant tes parents sans cesse te prenaient dans leurs bras et essayaient de les provoquer ou de les capter.

A six mois, le jour de Noël, je disais à ta marraine qui voulait te prendre dans ses bras : « ce n'est pas la peine, il ne regarde jamais personne ».

Dans ton parc, je me souviens des longues séances où, attiré par les objets, tu ne manifestais ni pleurs, ni cris, ni rires, ni sourires ; ta sagesse trop grande et ton calme anormal faisaient l'envie de toutes les mamans et grands-mères qui venaient nous visiter. Ta maman t'adulait et t'équipait de tous les hochets et jouets d'éveil bien choisis, et avec toi, passait des heures à les manier. Tu étais très réactif à tous ces petits objets de couleurs vives dans lesquels tu t'absorbais avec plaisir.

Très vite tu t'enfermas dans les petits livres que tu semblais lire toujours à l'endroit, ce qui suscitait l'étonnement de tes proches, qui disaient : « c'est déjà un intello ». Tes petites lunettes pour corriger ton léger strabisme renforçaient cette impression. En fait, tu t'enfonçais dans l'autisme sans nous voir.

J'étais heureuse de t'emmener de temps en temps en voiture en vacances, sans que pendant quatre heures de suite, tu ne bouges ni ne pleures, et tu semblais rire tout seul ; tu ne manifestais rien, et de moins en moins. Tu te murais dans tes jouets, surtout ceux qui clignotaient. Tu semblais ne voir ni nous les adultes, ni les autres enfants.

Tu te mis à marcher à 15 mois comme tous les enfants, et souvent du matin au soir tu faisais des allers et retours incessants sans qu'on puisse t'arrêter. Tu criais parfois sans raison avec des cris stridents ; tu ne vocalisais pas ni ne parlais.

Tu mangeais alors normalement et grandissais sans difficulté ce que confirmait ton pédiatre qui te voyait chaque mois : « ce n'est pas grave s'il ne parle pas, c'est un garçon, les garçons parlent souvent tard » dit-il à ta maman bien inquiète, sans chercher à en savoir plus.

A quinze mois, ton comportement me sembla de plus en plus bizarre : tu te mis à refuser de manger des petits gâteaux et du solide, et jusqu'à quatre ans tu n'avalais que yaourts, purée, crèmes et compote, et heureusement de la crème de marrons qui te « nourrissait » un peu !

Les repas devinrent des cauchemars pendant des années.

Tu ne mangeais rien et refusais de mâcher quoi que ce soit.

Tu refusas soudainement de toucher le sable sur la plage et inlassablement dès que j'étais avec toi, j'essayais d'amener par petites touches ta petite main à toucher un petit grain, puis davantage. A la fin des vacances, cette « psychothérapie » du sable te permit de vaincre cette phobie inexpliquée.

Tes allers et retours, ton besoin de toujours prendre le même chemin, le même trottoir pendant tes promenades, ton besoin permanent d'ouvrir et fermer les portes sans jamais te pincer nous étonnaient et je disais à mes amies : « il est original, c'est un futur ingénieur ».

Devant les vagues de la mer, tu agitais tes petits bras et mains comme si elles te mettaient en transe ; tu restais des heures à regarder à la télévision « Petit ourson » ou même les raies sur l'écran à l'arrêt du film.

Tu étais fasciné par tous les rayons de lumière ou le soleil que tu dessinais partout.

Tu étais émerveillé tant par les fleurs que la musique : tu t'endormais à la sieste sur la « Petite Musique de Nuit » de Mozart. Un jour que tu faisais tes allers et retours sans nous voir ou en riant tout seul, brusquement, tu t'arrêtas quand une amie commençait à jouer au piano un air de Chopin ; tu étais comme envoûté par cette musique.

A deux ans, personne, sauf ton Papa, ton grand père et une amie psychologue, ne semblait inquiet de tes bizarreries qui chaque jour s'amplifiaient.

Tu ressemblais à un Petit Prince débarqué d'une autre planète, totalement absent et perdu parmi nous : je t'appelais souvent, à un mètre de toi, fortement et tu ne te retournais pas comme si tu ne m'entendais pas, ce que sembla contredire un test d'audition. Si je parlais fort, tu jetais les objets par terre ou te tapais la tête contre les murs. Le séchoir à cheveux, le mixeur déclenchaient des cris violents ; je dus quitter un jour, les cheveux non séchés, le coiffeur où tu m'accompagnais : tes cris étaient stridents et inconsolables dès que le séchoir s'actionnait.

Tu ne nous imitais pas sauf un jour, où à force de taper plusieurs fois par jour « toc, toc » sur une porte, ton grand père réussit à te faire faire « toc, toc » au bout de quelques jours en écho.

Tes deux grands-mères occultaient tous ces comportements curieux et inquiétants en les justifiant : « Mon fils (ton papa) n'a parlé qu'à trois ans », « Ma fille (ta maman) n'a regardé les adultes qu'à l'âge adulte et n'a parlé à sa maîtresse qu'à cinq ans », « Ils sont artistes tous les deux, et peu extravertis sauf avec les amis de leur âge donc, c'est normal ». Tu cumulais donc les deux caractères et c'était normal.

Ton comportement devenait de plus en plus étonnant : tu entrais dans une pièce sans regarder personne même pas tes parents que tu regardais si peu, tu commençais à te balancer, assis sur le tas de sable. Tu ne jouais plus tout seul ou te contentais de jeux régressifs et répétitifs comme les gros Legos que tu n'arrivais plus à emboîter.

Et pourtant, tu étais très entouré : ta maman, très joueuse, qui attendait ta petite sœur ne cessait de te faire jouer (c'est sans doute ce qui t'a aidé à en sortir plus vite).

Ta petite sœur, tu n'y prêtais pas attention et ses cris fréquents ne te troublaient pas comme si tu ne les entendais pas.

C'est la garderie qui a alerté ta maman, car tu t'isolais des autres de plus en plus.

Quand, parfois, je te posais le matin, tu allais aussitôt chercher un camion dont tu ouvrais et fermais les portes... et le soir, quand je te reprenais, tu étais toujours sur le même camion ou bien tu ouvrais et fermais les fenêtres d'une petite maison en bois dans la cour sans t'occuper des autres.

Tu avais parfois des tous petits signes de présence : tu faisais des signes de « non » ou « oui » à ta maman avec des gestes ou tu toussais pour répondre à une demande. Le jour où je te dis que ta petite sœur était née, tu lanças, comme exprimant une rage intérieure, une petite cuillère violemment à terre puis tu te balançais. Arrivant avec moi à la maternité pour la voir, tu te réfugias aussitôt dans les rideaux de la chambre où tu t'enroulas sans voir personne.

Tu étais de plus en plus impénétrable : ta maman alla voir, sur les conseils de la garderie, un pédopsychiatre (heureusement encore de la génération psychiatrisant l'autisme), et c'est ce qui t'a sauvé : « Vous devez vous en occuper davantage, Madame » sans savoir que ta maman, qui t'adorait, ne cessait de te dorloter et de t'éveiller depuis ta naissance. « Madame, je vais l'inscrire dans un petit centre où avec d'autres enfants, on s'occupera de lui, un ou deux fois par semaine pour le sociabiliser ou le stimuler » (alors que tu étais stimulé par tes proches, du matin au soir). J'appris par la suite que ce centre était fermé depuis six mois !

Ni tests, ni diagnostics : rien. Ce médecin spécialisé dans l'autisme et les Troubles Envahissants du Développement appelés TED ne disait rien à tes parents qui sont venus la voir pendant trois mois. Ni le mot « trouble du développement, ni le mot Autisme » n'ont été proposés alors que tes bizarreries s'amplifiaient.

Comme un éclair lumineux, j'ai réalisé ce que tu avais, un jour où ta maman me racontait ta visite à ce médecin : je me rappelais « Rain Man » et le mot « autisme » vint à moi. Aussitôt, je dévorais tous les livres trouvés à la FNAC sur l'autisme : des tests étaient proposés dans certains, comme les tests du C.H.A.T et aux dix questions, je cochais oui... toutes les descriptions concordaient. J'essayais de trouver une question où je pouvais répondre « Non » mais n'en trouvais pas.

CHAPITRE 2

L'évidence s'imposa : tu étais Autiste

Pourtant, je n'étais ni médecin ni professionnelle, simplement une grand-mère attentive !

Alors, je m'informais sur tout ce qui était proposé pour te « guérir » de ce terrible trouble depuis que Kanner en 1943, psychologue suisse, l'avait identifié et présenté comme maladie incurable niant toute origine organique ou génétique.

Bruno Bettelheim reprit le terme de mères « réfrigérateurs » pour expliquer l'autisme.

En 2004, la maman était encore mise en accusation et l'enfant était mis entre les mains des pédopsychiatres qui dans leur quasi-totalité traitaient l'autisme de façon psychiatrique ou psychothérapique.

Convaincus que seul, le climat familial était essentiel, le mot « Autisme » n'était prononcé que tardivement ou jamais. Gagner du temps en faisant tenir les parents le plus longtemps possible jusqu'à dix huit ans, où l'on proposait l'hôpital psychiatrique comme pour la sœur de Sandrine Bonnaire.

Pour preuve, deux mamans de jeunes autistes de 30 ans, m'affirmaient l'importance de rendre heureux l'enfant en l'acceptant tel qu'il est sans croire ni chercher à faire quelque chose ; pour elles, l'enfant autiste était un cadeau qu'il fallait prendre tel qu'il était, puisqu'il n'y avait rien à faire !

Silence, donc, dans les familles sur ces enfants dont on ne parlait pas (c'était une honte pour les parents) et qu'on mettait à part dans des institutions belges dans les meilleurs des cas ou dans les hôpitaux psychiatriques à dix huit ans. Que de lourds silences aussi, ai-je rencontrés dans mon entourage !

Je me disais : comment cela peut-il être de la faute des mères car il y a une fille autiste pour quatre garçons ; cela voudrait dire que les mamans aiment mieux leurs filles que leurs garçons ? Que deux vrais jumeaux avaient 99% de chance d'être tous les deux autistes alors que pour les faux jumeaux, pas plus de chance qu'entre deux frères... Les mamans aimeraient-elles mieux les faux jumeaux que les vrais jumeaux ?

Comment se fait-il que le taux de prévalence de l'autisme augmente autant depuis dix ans où l'on comptabilisait un autiste pour 1000 naissances alors qu'en 2004, on annonçait un autiste pour 160 naissances ?

Je ne pouvais croire à la version officielle affirmée et démontrée par tous le corps médical à de rares exceptions près comme l'équipe du Pr Lelord de Tours. Aucune méthode sérieuse n'existait en France : A.B.A., méthode éducative comportementale répandue dans les pays anglo-saxons était à peine connue en France ; la méthode TEACCH souvent pratiquée en France permettait à ces enfants du silence de devenir autonomes pour les petites choses de la vie quotidienne.

En les étudiant, j'ai vite compris que ces méthodes ne te permettraient ni de t'éveiller ni de sortir de l'autisme, c'est-à-dire de ton enfermement, mais au mieux de t'apprendre les bons comportements par apprentissages répétitifs avec récompenses (comme du dressage) et de dire des mots pour tes propres besoins sur un ton monocorde. « On ne guérit jamais de l'autisme » affirmaient tous les spécialistes.

Je ne pouvais y croire, en tout cas, je ne me résignais pas à l'accepter.

Quelle alternative pour toi ?

- Soit aller dans un hôpital de jour (Sainte Anne à Paris) ou un IME, avec les autres enfants comme toi, sans espoir d'en sortir, avec au mieux un peu de méthode TEACH pour t'apprendre, à gérer ton quotidien, de façon mécanique et répétitive.

L'I.M.E privé réputé à Paris annonçait une liste d'attentes de quatre ou cinq années ! Ce fut aussi ta chance, car ayant suivi deux jeunes entre 11 et 14 ans qui en sortaient, j'ai pu constater qu'ils n'avaient que bien peu de présence, toujours enfermés dans leur monde malgré tous les savoir-faire acquis.

- Soit trouver une autre solution aux Etats-Unis ou ailleurs, car la France avait trente ans de retard, comme venait de le proclamer le Conseil de l'Europe en 2004, année-tournant !

Je ne me résignais donc pas, d'autant qu'une amie à qui j'en parlais m'a dit : « tu t'es toujours battue pour trouver des solutions, tu vas la trouver ».

J'avais décidé de ne dire à ta maman : « appelons un chat, un chat, ton fils est autiste » que le jour où, j'aurai trouvé une porte d'espoir.

Une amie me parla d'une petite Aude de trois ans qui suivait une méthode américaine par le jeu intensif, donnant de l'espoir.

Quinze jours après, avec ton autre grand-mère, nous partions près de Boston pour l'apprendre, missionnées par tes parents, encore sous le choc du verdict bientôt confirmé par les médecins, malgré les 2 ans d'attente à Robert Debré pour un diagnostic …

« Le jeu n'est pas un médicament, on ne risque rien: cela n'a jamais fait de mal à personne de jouer » me disait ta maman !

Cette méthode « l'éveil du fils » a été mis au point, il y a quarante ans par des parents américains psychothérapeutes, de façon pragmatique ; ils ont sorti de l'autisme leur fils qui depuis a fait une brillante carrière ; nous en sommes revenues convaincues et enthousiastes.

CHAPITRE 3

Sorti de ton silence par dix-huit mois de jeu intensif

Tes parents y croient, l'espoir renaît. Ils décident d'appliquer la méthode à la lettre. Le plus dur fut de les décider d'arrêter provisoirement la garderie et de ne pas te mettre à l'école, ton pédopsychiatre leur disant le contraire : « sociabilisez-le », « mettez-le en immersion à l'école, il imitera les autres ». « Comment aurais-tu pu imiter l'autre que tu ne voyais pas ? », me disais-je.

Ceci reste aujourd'hui encore la thérapie proposée appelée « prise en charge », complétée par quatre heures d'orthophonie et de psychomotricité, moyennant quoi à dix ans tu risquais de quadrupler ton CP ou intégrer une classe spécialisée.

Aussitôt, ils t'installent une petite salle de jeu qui sera ton nid, isolée du bruit et des stimuli extérieurs. Tout est fait pour que tu te concentres et que tu demandes ce que tu veux en pointant et en nous regardant car tous les jeux sont sur de hautes étagères : cela te prendra de longs mois.

En moins de dix jours, nous réunissons vingt-cinq bénévoles, amis, parents, famille, relations et le 1er mars 2004, la grande aventure commence dans la conviction et l'enthousiasme de toute l'équipe.

40 heures par semaine, sept jours sur sept, l'équipe se relaya pour te faire jouer.

Ni week-end ni vacances: nous déplacions la salle de jeu, l'été, et recrutions de nouveaux bénévoles. La gestion du planning des bénévoles était à elle seule un petit job pas toujours facile à gérer !

Dix huit mois d'avancées et de reculs : il fallut tenir sur la durée sans aucun conseil extérieur ce qui fut difficile à certains moments, contrés dans notre action et nos principes par tous les professionnels rencontrés ou qui te suivaient : « Mettez-le à l'école, cela va le sociabiliser »... s'ils savaient quelle souffrance tu aurais vécue tant que tu n'étais pas comme les autres, car les bruits, les voix trop fortes, les cris de la récréation auraient résonné dans ta tête comme des marteaux-piqueurs.

Mais qu'est ce que dix huit mois ou deux ans de trêve scolaire dans ta vie ?

Une parenthèse qui va permettre de te réintégrer avec succès en moyenne maternelle. C'est, comme si tu avais été malade quelques mois, et remis à l'école guéri. Malade, tu l'étais dans ton petit cerveau qui fonctionnait mal.

La méthode apprise aux Etats Unis, très vite ne suffit plus : il fallut t'observer sans cesse pour fixer les objectifs. Nous ne savions pas où tu en étais mais nous notions chaque jour tes petits progrès.

En t'observant au fil de ton éveil, nous avons complété la méthode et, grâce à toi, la méthode des 3i prenait forme.

Tous les quinze jours, nous faisions le point de tes progrès avec l'équipe des bénévoles. Ils t'aimaient tous et tu les aimais énormément. Ils t'ont tous apprivoisé d'abord en rentrant dans ton petit monde avec une douce et infinie patience. Chaque jour des petits signes imperceptibles de communication se mirent en place mais il fallait y croire et garder la ligne droite malgré les conseils opposés que nous étions tentés d'appliquer.

Il fallut trois mois pour capter quelques secondes de ton regard, ceci grâce à la balançoire que tu affectionnais et devant laquelle le regard de chacun de nous essayait de capter le tien ; tu semblais le fuir comme si notre regard t'affolait.

Que voyais-tu de nous? Des visages vides? Des figures de monstres bougeant sans cesse ? Des visages faits de morceaux dans tous les sens, tel un tableau de Picasso ?

Tu te mis à toucher le visage de chacun de nous, comme un tout petit ou un non-voyant qui a besoin de découvrir le visage d'autrui. C'est aussi peu à peu que tu découvris les expressions de notre visage que tu ne voyais pas du tout : un jour, je te vis en train de nous imiter devant le miroir.

Ma grande victoire avec toi se produisit au bout de deux mois : alors que depuis trente minutes, assise en face de toi, je t'imitais en ouvrant et fermant un couvercle à glissière identique au tien, tu me gratifias pour la première fois de ta vie d'une seconde de regard. Aussitôt, je mis le couvercle de la boîte à glissière sur ma tête et tu m'imitas ; comme si tu m'avais vue enfin et que tu avais pris conscience de tes mains et de ta tête. Pour la première fois, tu étais présent et tu me voyais. Là, je me dis : « petit Augustin, tu vas sortir de ton silence, on va gagner ». Ce furent ces petites victoires quotidiennes cumulées qui nous permirent de tenir jusqu'au bout et qui te mèneront en moins de deux ans à la grande victoire sur l'« autisme », c'est-à-dire comme l'étymologie grecque du mot l'indique, sur ton enfermement en toi-même.

Chaque petite victoire était source d'une très grande joie que l'équipe célébrait. Pourtant, le chemin a été semé de régressions, de périodes de découragement d'autant que les médecins disaient le contraire à tes parents et n'y croyaient pas.

La musique et le chant t'enchantaient. On te crut grand musicien ! Aujourd'hui tu ne sembles plus avoir ces mêmes dons. Ta mémoire semblait prodigieuse : tu te rappelais de chacun de nous, même venu qu'une seule fois.

Une amie arrivée en remplacement un jour avait gratté le gros ballon avec toi.

Huit mois après, sans parler, tu lui fis prendre le gros ballon et tu le grattais en la regardant. Chacun de nous comptait donc pour toi, me disais-je. Pourtant dans ta bulle, tu semblais ne pas nous voir. Chaque jour amenait un petit progrès.

Après le regard, tes progrès s'accélérèrent : tu soufflas tout seul ta bougie de trois ans en t'applaudissant.

Le premier été, après quatre mois de jeu, nous montra un Petit Prince différent : tu t'exprimais par le geste, renversant les cubes en riant quand tu ne voulais pas, dansant avec tes bénévoles, plus à l'aise dans ton corps que tu découvrais dans le miroir, sautant des deux pieds et faisant la brouette.

Tu devins de plus en plus présent à l'autre : quelle joie quand je te vis courir vers une bénévole à deux cent mètres de toi lui ouvrant tes bras pour l'embrasser.

Tu te mis à dire tes premiers mots au bout de neuf mois de jeu, après une grand période de régression. D'abord un mot puis, deux mots accolés, et trois mois après, des petites phrases et tu commençais à répondre à nos questions. Cette magie du mot enfin exprimé fut pour toute l'équipe un beau cadeau. Bavard, tu le devins : ta maman fut obligée de te faire taire dans un train tellement tu parlais, curieux de tout avec ta litanie des « pourquoi » comme tout enfant qui se met à parler. Tu te mis à nous révéler ce que tu avais acquis par toi-même quand tu étais dans ta bulle : par exemple le calcul mental.

Tu étais un champion de calcul mental puisqu'à moins de 4 ans tu additionnais, multipliais, soustrayais de tête. Tu étais curieux de tout et tu voulais apprendre les mots difficiles. Un jour, tu n'avais pas encore quatre ans tu descendis l'escalier avec le Larousse médical car tu t'intéressais avec une bénévole au corps humain et tu voulais voir où étais la glotte !

Nous fîmes une grande fête avec tous tes amis bénévoles alors que tes parents quittaient Paris pour une nouvelle ville. Tu étais sorti de ton monde même si tout n'était pas encore gagné : la propreté, l'autonomie, l'alimentation encore difficile...

Les séances de jeu reprirent à mi-temps avec une nouvelle équipe.

Mais tu comprenais ce que l'on disait, tu parlais normalement, tu voyais l'autre, tu obéissais aux consignes, tu chantais seul devant les autres « Petit Papa Noël », tu tenais un crayon, tu aimais apprendre. Tu étais prêt pour l'école à quatre ans et demi ! **Comme tous les autres, tu franchis la porte de l'école avec ton petit cartable : personne de se doutait de tout le parcours que tu avais fait depuis vingt mois !**

CHAPITRE 4

Augustin, tu es aujourd’hui un petit enfant comme les autres

Entré à l’école à quatre ans et demi, tout n’était pas encore terminé pour toi d’autant que tu avais déménagé, changé de ville et perdu tous tes repères... Tes progrès reprirent peu à peu, tant en autonomie qu’en conscience de toi et des autres. Tu avais encore beaucoup de mal à gérer tes émotions de joies et de peines, à te faire des copains. Ton éveil, cependant continuait pas à pas.

Les séances de jeu individuel diminuèrent peu à peu sans jamais disparaître totalement. Encore aujourd’hui, de temps en temps, tu as besoin de te retrouver seul à seul avec quelqu’un pour jouer.

Maintenant que tu découvres les autres et le monde, tu es moins performant en calcul ou pas davantage ! L’important est d’être comme les autres et d’avoir des amis. Tu veux être le meilleur à l’école, pour ne pas être différent des autres. Tu veux n’avoir que des Très Bien, en CE1 ou en CE2.

Ton bulletin montre la réussite : « Très bon travail, bravo, continue comme cela », « Augustin travaille très bien et participe de mieux en mieux » alors que tu avais une moyenne de 18,5 supérieure de presqu’un point à la moyenne de la classe et ceci, sans aide.

Tu additionnais, multipliais, soustrayais de tête. A quatre ans et demi, je te demandais 8 x 5 ? « 40 » me répondais-tu aussitôt ; 3500 – 4200 « moins 700 ».

Sidérée, je te disais « Comment fais-tu ? », « je le vois dans ma tête ! » répondais-tu.

Tu découvres l'amitié et tu commences à avoir des copains mais parfois cela n'est pas simple : tu ne comprends pas pourquoi certains décident du jeu et pas toi.

Tu veux toujours être considéré comme les autres. Mais cela te demande beaucoup d'efforts, t'angoisse, et tu es souvent très fatigué le soir. Tu te donnes beaucoup de mal car tu ne supportes pas l'échec. Ta maman, lors de ton départ en classe verte, à sept ans, craignait que tu ne t'habilles pas vite seul : tu lui répondais : « t'en fais pas, je serai le premier car, je veux que personne ne me remarque ». Tu as tenu parole !

Au retour, à la question de ta maman : « qu'est ce que tu as préféré ? », tu répondis : « faire le fou dans la chambre le soir avec mes copains ».

Tu mènes une vie normale : tu fais du vélo, du roller, tu es passionné de Tintin et aimes la lecture, l'astronomie et la géographie. Tu aimes plus que tout t'occuper de ton petit frère que tu ne cesses de faire jouer. Tu aimes chahuter, raconter des bêtises, voyager, découvrir le monde et regarder les étoiles. Tu es imbattable sur les départements français. Tu raisonnes parfaitement bien et nous étonnes par tes réflexions très sensées. Tu aimes gagner ce qui t'amène parfois à tricher au Monopoly, comme beaucoup de petits garçons !

Tu as besoin de temps en temps de rentrer dans tes petites obsessions comme les cartes Mappy sur l'ordinateur après une longue journée de classe ou ressortir trop fréquemment les jurons du Capitaine Haddock. Mais tu peux arrêter dès qu'on te le dit !

Certes, tu aimes avant tout une vie réglée, organisée sans trop de monde ou de changements fréquents, avec parfois du mal à dominer tes émotions. Tu rentres un peu dans ta bulle comme un grand timide. Mais tu es présent et commentes bien tout ce qui se passe avec beaucoup d'humour. Tu boudes, râles et chahutes comme un enfant normal.

Aujourd'hui, peu de choses te séparent de la normalité. A huit ans, récemment, alors que pendant les vacances tu faisais de la gymnastique avec un groupe d'enfants, au bout de quatre jours, tu me dis ne plus vouloir y aller parce que tu n'étais pas arrivé à faire la roue comme les autres. Tu avais passé une mauvaise nuit. La monitrice que j'allais voir pour la prévenir de ton angoisse, à qui je résumais ton passé, me dit qu'elle n'avait vraiment rien perçu de ta différence, que tu jouais et riais avec les autres, même pour la roue…

Si elle savait le plaisir que ces quelques mots m'avaient fait.

Oui, tu es un petit enfant comme les autres avec parfois tes petites originalités !

CHAPITRE 5

Une Association pour éveiller les Petits Princes du Silence

Comme je me l'étais promis dans l'avion au retour des Etats-Unis (si tu sortais de ta bulle et devenais un petit enfant comme les autres, capable d'aller à l'école et de vivre normalement), j'ai créé une Association « Autisme Espoir Vers l'Ecole » avec tous les amis bénévoles qui t'avaient fait jouer avec tant d'enthousiasme et d'amour pendant deux ans. Nous l'avons fait pour que tous les Petits Princes du Silence comme toi, puissent dire un jour en regardant l'autre « dessine-moi un Bonhomme ». Ton premier petit bonhomme que voici, a été le signe que tu voyais l'autre, donc signe de ta victoire sur « l'autisme ».

Je vais te raconter comment tout s'est organisé très rapidement.

Avant de faire connaître la méthode des 3i et de créer l'association pour aider les parents à la mettre en place, j'avais besoin de l'avis d'un membre du corps médical.

En 2004, La France avait une trentaine d'années de retard en matière d'autisme. Une infime minorité de pédopsychiatres remettait en question les traitements de l'autisme « psychothérapique », sauf l'équipe de Tours et quelques chercheurs étudiant les pistes organiques ou biochimiques (vaccins, intolérance au gluten par exemple). Mais, ils étaient mal vus du reste du corps médical.

J'allais voir le Pr Lelord à Tours, initiateur de la méthode « Echange et Développement », basée sur le jeu (mais un jeu imposé à la différence des 3i et limité à une heure par jour). Il était le seul à avoir exprimé à la fin de sa carrière de pédopsychiatre et chercheur : « en 40 ans de recherche, je n'ai rien trouvé d'autre pour les faire communiquer que le jeu ». Il m'a fortement encouragée à me lancer dans cette action : « Madame, allez-y, il n'y a rien de mieux ; votre petit fils a eu bien de la chance ».

Ses encouragements me donnèrent des ailes pour lancer l'association « Autisme Espoir Vers l'Ecole »: tes amis bénévoles se proposèrent aussitôt de participer à l'aventure. Quelques mois après nous commencions à mettre en place la méthode des 3i avec une quinzaine d'enfants dont le nombre doublera chaque année pour arriver en trois ans à 150 petits princes du silence jouant tout au long de la journée avec plus de 4000 bénévoles (30 en moyenne par enfant).

L'objectif de l'association fut alors défini :

Sortir de leur enfermement tous les Petits Princes du Silence… de 2 à 18 ans, si les parents qui en font la demande sont convaincus, motivés pour appliquer parfaitement la méthode sur la durée comme nous l'avions fait avec toi.

Je rédigeais alors la méthode des 3i, qui, par le jeu intensif, individuel et interactif s'appuie sur ton expérience.

Un site s'imposa : « Autisme Espoir vers l'école » et une plaquette, pour faire connaître l'association. A partir des archives photos et vidéos de ta maman, je montais un film racontant ton aventure émouvante et véridique, sans faire parler les images ; comme me le demandait ta maman, soucieuse de vérité. Ce film, tu le verras un jour ; il était la preuve en images que tu t'en étais sorti.

Sans à priori, j'essayais de découvrir les autres méthodes qui commençaient juste à pénétrer la France (ABA, TEACCH, PECS, MAKATON). Je rencontrais leurs initiateurs, j'assistais à leurs formations. Je les comparais, essayais d'en bien saisir la différence. Je comprenais que les 3i allaient à l'encontre de tout ce qui se faisait, que les 3i ne pouvaient pas se mélanger avec les autres méthodes, comme le pensaient certains.

Ces méthodes comportementales (dont le but est d'éveiller en « dressant » au bon comportement par des apprentissages répétitifs avec récompenses), aussi opposées à la méthode des 3i dans leurs modalités et résultats ne pouvaient s'additionner aux 3i. Conjuguer les deux comme ont essayé certains parents, n'a amené que stagnations, régressions dramatiques ou comportements difficiles (stéréotypes, repli autistique ou violences), comme en témoignera une maman ci-après.

En croyant accélérer l'éveil, ils le ralentissent : comme l'a expérimenté à son détriment cette maman qui a introduit à côté du jeu 3i (ayant permis à son fils en deux ans, de marcher, courir, sauter, regarder et mettre en place les babillages précédant la parole) toutes les autres méthodes existantes, organisant un véritable melting-pot de méthodes : ABA, PECS pour communiquer avec des images, Makaton avec des signes, l'école avec une auxiliaire de vie scolaire, des séances de motricité spéciales. Un résultat peu probant ....l'enfant ne parle toujours pas et ne fait rien à l'école, si ce n'est qu'observer en restant dans son monde ou être sujet parfois à des crises.

Je comprenais alors que j'allais devoir me battre pour faire valider et reconnaitre la méthode des 3i. Des médecins chercheurs me conseillèrent de ne pas me positionner sur ce terrain miné qu'est « l'autisme » par manque de certitudes globales ou de méthodes probantes, mais seulement de faire parler les résultats.

Je décidais aussitôt de suivre ce conseil judicieux.

Pourquoi les autres petits princes du silence ne suivraient t'ils pas ton parcours ?

Certes, je n'avais pas de certitudes absolues sur le succès de la méthode avec d'autres que toi « et si tu étais une exception, me disais-je, si cette méthode ne marchait pas sur les autres petits princes du silence ». J'attendais les premiers résultats pour décider de continuer : ils ne se firent pas attendre !

Les progrès fantastiques de ces enfants qui s'éveillaient chaque mois un peu plus me donnèrent le courage de continuer à me battre pour eux, après m'être battue pour toi. La crédibilité des 3i grandit chaque jour et les résultats parlèrent peu à peu d'eux- mêmes, sans le secours des médias.

Notre premier forum de parents après neuf mois d'existence, avec déjà 36 familles enthousiastes, exprima des témoignages extraordinaires de progrès, d'espoir.

Je te livre ce petit article de journal écrit par une éducatrice remarquable et expérimentée, venue présenter à tous les parents comment elle concevait « l'école à la maison ». Rédigé à chaud, dans le TGV de retour, il fut pour moi un encouragement définitif à continuer l'action auprès des autres petits princes.

« <u>Quand la déscolarisation sauve les enfants autistes</u> :

Les contacts pour la préparation de mon intervention avaient été succincts et je m'étais préparée à perdre un peu de mon précieux temps. (C'est une habitude avec mon mari de nous préparer à la déception pour vivre pleinement l'effet inverse !)

Cependant, une petite voix me disait que ce n'était pas un hasard si j'avais reçu cet appel et que s'agissant d'enfants, je ne serai pas déçue.

Le réveil fut difficile, à 5h du matin après deux journées longues causées par l'absence de mon mari - lui aussi appelé dans la Capitale - m'obligeant à me lever tôt pour conduire mes fils au collège et au lycée. Je m'apprêtais donc à faire l'aller-retour Savoie-Paris dans la journée. Le trajet Paris intra-muros jusqu'au lieu de rencontre me fit rater hélas le début de cette journée fabuleuse. J'avais malheureusement raté l'intervention sur la méthode des 3 I. Nous en étions déjà aux témoignages des parents d'enfants autistes. Si vous saviez avec quel courage et détermination ces parents prennent à bras le corps l'éducation de leur enfant ! La salle était pleine : une cinquantaine de parents, seuls ou venus en couple de toutes les régions de France pour partager leur vécu fait de doutes, d'angoisse, de découragements mais aussi d'espoir, de victoires, de progrès réalisés par leur enfant.

Des portraits d'enfants soulignés par leur prénom, tous plus mignons les uns que les autres, décoraient les murs de la salle nous permettant de mettre un visage sur l'enfant décrit. Les séquences filmées étaient révélatrices de l'investissement dans la lutte entreprise pour aider son enfant. Tous ont pris la parole, chacun à leur tour, face à l'assemblée, dominant leurs émotions provoquées par le fait de raconter leur parcours personnel.

Les mêmes mots revenaient « hôpital de jour, absence de langage, pas de regard, tournée médicale, etc… » C'était poignant à entendre, car toute la souffrance suintait des témoignages de ces parents. Pas de chichis, de superflu, de marketing, de mensonges médiatiques ou télévisés : tout est vrai, tout est dit, car tout est vécu par ces familles.

Je m'accrochais à chaque métaphore utilisée par les familles pour crier leur expérience telle celle qui compare son enfant au Titanic qui s'enfonça dans l'océan.

Je remarquais que certains parents hésitaient à prononcer le mot « autiste » ou « autisme » à contrario d'autres qui faisait durer le son du mot.

Autiste : je pense à une autre orthographe : « otiste » et je me dis que Jacques Salomé ne serait pas passé à côté de celle-ci. Nombreux sont les parents à parler des problèmes d'audition de leur enfant autiste.

Et puis le « je » à la place du « jeu » (dans la méthode des 3i, il faut une salle de jeu à la maison, lieu de stimulation intensive de l'enfant).

Je visualise une étiquette sur la porte « salle de je » car l'enfant autiste n'a pas conscience du moi donc du « je ».

Créer un espace physique dans lequel l'enfant renaît, repasse par toutes les étapes de sa croissance depuis le fœtus, se construit et enfin existe.

Et cela grâce aux jeux improvisés à longueur de journée par une chaîne de volontaires bénévoles. Voilà ce que vivent ces familles. pP

Et ça marche ! Ils sont tous unanimes, tellement heureux de partager un mot, un regard enfin échangé avec leur enfant, s'accrochant au moindre petit signe positif relatif à l'évolution du développement de leur enfant.

Ils veulent abandonner les chemins explorés jusqu'à présent sans résultats pour se tourner vers le moindre espoir d'aider leur enfant. Comment leur donner tort ?

A la fin de chaque témoignage, un chœur d'applaudissements bien appuyés retentit pour marquer un soutien sincère de toute l'assemblée. Chacun est acteur et sur le même pied d'égalité, dans le même combat quotidien : sauver son enfant du naufrage.

Se tourner vers quelqu'un qui les écoute et les comprenne, entrevoir une lueur d'espoir, retrouver la force de continuer, voilà ce que cherchent les parents d'enfants autistes. Ils ne peuvent se projeter dans le lendemain. Chaque jour est un nouveau terrain d'improvisation jalonné par le comportement de leur enfant.

Ils assistent aux périodes d'évolution et de régression de leur enfant sans comprendre et pire, sans avoir d'emprise sur les situations.

Ils ne peuvent les anticiper afin de se protéger eux-mêmes émotionnellement.

L'après-midi sera tout aussi intense avec les présentations d'intervenants dans les réseaux de l'autisme. Les discours renvoient les parents vers d'autres doutes et questions : mon enfant a-t-il besoin d'un régime sans caséine et sans gluten ou d'apports vitaminiques ?

Dois-je le déscolariser même s'il aime sa maîtresse ?

Où se renseigner sur les recherches neurobiologiques ?

Des séances de stimulation auditive vont-elles l'aider ?

Comment trouver une éducatrice à domicile ?

Personne n'a la réponse à leurs questions qui sont en réalité des expressions de leurs émotions et peurs intérieures.

A travers un réseau, les parents s'entraident et peuvent continuer ce long chemin vers l'inconnu. La méthode des 3i est force de proposition concrète pour l'enfant autiste au sein de sa famille.

Elle montre que l'enfant (autiste ou pas) a moins besoin de l'école que de sa famille.

Elle démontre que les stimulations sensorielles sont des pistes incontournables pour le développement de l'enfant. Elle rappelle d'être patient dans chaque étape de ce développement.

Ce fut une journée très chargée, à l'image de l'emploi du temps des parents et des professionnels ou non, engagés à servir l'enfant autiste.

Bravo et merci à chacun de l'avoir rendue possible. Tout y était : une ambiance concentrée et riche avec une grande qualité d'écoute émanant de tous.

C'est le moins qu'on puisse faire pour ces enfants. »

Aujourd'hui, près de 150 petits princes du silence s'éveillent ou se sont éveillés par cette méthode des 3i depuis trois ans. J'ai environ deux appels par jour. Beaucoup de parents frappent à notre porte, une partie seulement se lance dans l'aventure de la renaissance par le jeu. Elle suppose, en effet, l'acceptation de trois conditions préalables qui traduisent leur motivation.

1) Aménager une petite salle d'éveil à domicile (dans la chambre de l'enfant éventuellement). Quand on a installé la tienne, j'avais ressenti que celle-ci était la matérialisation de l'espoir d'une Re-naissance, identique à l'installation de la chambre d'un bébé qui va naître, que l'on va dorloter et éveiller avec joie.

J'ai compris que c'était le signe premier de la conviction et de l'enthousiasme des parents à mener la méthode des 3i.

2) Trouver trente bénévoles pour faire jouer leur petit prince et en accepter l'intrusion chez eux, au quotidien du matin au soir n'est pas toujours facile. Le plus dur est d'oser en parler, et d'envoyer un appel à bénévoles avec la photo de leur enfant.

« Oser » suppose au préalable« accepter » la différence que beaucoup de familles occultent ou cachent à leur entourage. Pour ceux qui n'ont ni famille proche, ni réseau de relations, comme nous avons eu la chance de l'avoir, appeler par voie de presse, poser des affiches dans les lieux publics et commerciaux et mêmes dans les boîtes à lettres pour réunir 30 à 40 bénévoles, de tous âges de 7 à 77 ans, de tous métiers et de tous milieux, est le signe évident de cette acceptation préalable. Certains sont très actifs, comme ce grand père du Mans qui a posé plus de 1000 affiches partout dans la ville, affiches faites gracieusement par un imprimeur ! Le résultat : plus de soixante personnes ont répondu « présent » et un an après, grâce à cet élan de générosité son petit fils sorti de son monde, lui, sourit de bonheur.

La réponse à ces appels est souvent extraordinaire :en moins d'une semaine, des gens de tous âges (du lycéen aux retraités, certes majoritaires), de tous métiers (de l'artisan au banquier avec une dominante de professions médico-sociales ou scolaires),de tous milieux et de toutes cultures (de la grande bourgeoisie parisienne, lyonnaise, nantaise, bordelaise aux milieux ouvriers, ruraux).

Un vrai « melting-pot » social et culturel qui va faire équipe autour de l'enfant, animé par le même but, ciment de ce groupe: sauver un enfant de son silence, en venant jouer avec lui sans attente et « gratuitement » dans tous les sens du terme.

Souvent à six heures du soir, chaque semaine, après une journée harassante au bureau, à l'usine, à l'école, ils viennent donner leur temps pour un enfant.

Plus la commune est petite, plus le nombre de bénévoles est important :

Sur 50 habitants dans des hameaux de Dordogne ou de Champagne… 40 personnes étaient présentes. Le record absolu est en Bretagne où, suite à un appel dans le journal, 180 personnes ont répondu « présents » !

Paris et sa banlieue proche sont des déserts « sociaux : l'anonymat y domine.

3) le plus dur à admettre est la trêve scolaire d'une à trois années :

« Vers l'Ecole et non à l'Ecole » est le principe de base de notre association.

T'enlever de la garderie, ne pas te mettre en maternelle à 3 ans comme tous les enfants a été mal vécu par tes parents qui entendaient les professionnels prescrire le contraire. Mettre son enfant à l'école à 3 ans est aujourd'hui signe social de la normalité et de leur désir de socialisation précoce. Les parents travaillant sont heureux de savoir que l'école fera le travail d'éducation. La pression sociale et celle du corps médical sont très fortes : la solution de l'autisme se trouve pour eux à l'école, croyant qu'en vous immergeant parmi vos congénères en maternelle, vous allez vous mettre à leur parler et à les imiter. Le contraire se produit le plus souvent et ci-après, je t'en donnerai de nombreux exemples.

La demande quasi exponentielle m'obligea à adapter et à structurer l'Association au fil des mois : la mission définie de celle-ci est de former, d'accompagner, de conseiller parents et bénévoles.

Au début, j'étais seule avec une de tes chères bénévoles sur le terrain à assurer ce suivi. Tel un pigeon voyageur, je me mis à sillonner l'hexagone pour former ces bénévoles et à animer la réunion mensuelle servant à évaluer les progrès de leur petit prince à l'aide de notre grille développementale.

Cela me permit d'affiner la méthode, de la rendre plus claire, plus efficace. Au départ, seule ou à deux, nous pouvions suivre directement chaque mois quinze enfants puis le nombre doublant chaque année, ce fut impossible.

Souvent, les parents ne sont ni armés ni capables de « manager » une équipe, d'observer ou d'analyser les progrès de leur enfant. D'où l'idée de former des psychologues (aujourd'hui près de 30 sur toute la France) à la méthode pour conseiller, soutenir et « coacher » les parents et l'équipe, faire jouer l'enfant pour en saisir l'évolution ou les blocages. Leurs qualités indéniables d'écoute de l'autre « sans dire » ou leur indépendance d'esprit leur rend néanmoins difficile l'application d'une méthode donnant la clé du comportement et de l'évolution de l'enfant. Leur présence et leurs conseils éclairés sont indispensables pour aider l'équipe à tenir sur la durée. Des antennes régionales dynamiques se créent un peu partout pour me relayer : deux sont dirigées par des grands pères qui ont tiré de leur« bulle » leur petit fils. Leur recul et leur expérience sont d'un secours très profitable à l'association.

Les parents deviennent peu à peu eux-mêmes les acteurs. Un forum internet créé par eux-mêmes leur permet de partager leurs expériences ; cela nous aurait été utile à l'époque, pour toi.

La rançon du succès est l'accroissement des frais que suppose l'intervention des professionnels tant pour leurs déplacements que nous prenons en charge que pour les formations que nous donnons dans toute la France… et pourtant bénévoles, nous restons !

Nous sommes financés uniquement par des dons privés et ne recevons aucune subvention publique malgré les résultats qui à ce jour étonnent les spécialistes du corps médical : directeurs des centres ressources autisme, pédopsychiatres et psychothérapeutes ou professionnels de l'autisme.

Ce succès amène son revers : jalousies, suspicions ou critiques de ceux préconisant une autre méthode, calomnies, dénigrements. Des détracteurs vont parfois jusqu'à nous présenter comme une secte avec son gourou (moi-même) pratiquant la séquestration d'enfants, les empêchant d'aller à l'école.

Les résultats parlent par eux-mêmes. Nous défendre serait une perte de temps inutile sauf cas de dénigrement public ou de diffamation.

Je vais te raconter et t'expliquer, après quatre ans de recul, notre méthode, nos découvertes, nos résultats.

CHAPITRE 6

Une méthode complétée, éclairée et adaptée

Forte de ton expérience réussie, j'ai mis au point la méthode des 3i « individuelle, intensive, interactive » en m'inspirant des grands principes de base du jeu et son cadre indispensable (la salle de jeu) appris aux USA. Cette méthode américaine établie, il y a quarante ans, par des parents américains de façon pragmatique ne nous avait permis ni d'aller jusqu'au bout de l'éveil ni d'avoir une grille de lecture de ton évolution au fil des mois.

Nous n'avions pas de réponses à nos interrogations et personne pour nous guider.

Alors, tous les quinze jours, toute ton équipe fort soudée et fidèle se réunissait : elle commentait, observait, réfléchissait. Nous avons souvent « pataugé » sans savoir où nous en étions, malgré les petits progrès que nous percevions en salle de jeu.

Seulement une bénévole psychologue nous disait lorsqu'il y avait un progrès, même infime, alors que rien ne semblait se passer de déterminant (surtout les 8 premiers mois). Tu semblais stagner et régresser parfois. Nous avons tenu bon car ta petite équipe restait motivée et enthousiaste.

Une des tes chères bénévoles témoigne plus loin dans ce livre, du vécu de cette aventure à laquelle elle a participé pleinement.

Ces régressions précédaient tes grands bonds en avant : par exemple, les trois semaines qui ont précédé l'apparition de tes premiers mots ont été totalement régressives. Je dois avouer qu'à ce moment, je n'y croyais plus, après neuf mois de séances continues. Personne pour nous dire « ne vous inquiétez pas, il se passe quelque chose, continuez ». J'allais dire au bout de 1500 heures de séances quotidiennes, à ta maman : « il vaut mieux arrêter, et prendre rendez-vous pour une prise en charge avec l'hôpital de jour de Sainte Anne. »

Quelques jours après, tu es brusquement sorti de ta bulle en disant « non » puis tes premiers mots et un mois après, tes premières phrases...en nous regardant.

Notre petit chien que tu ne voyais pas commença à compter pour toi, tout comme ta petite sœur et chacun de nous, moment où tu nous as identifiés : un jour tu me tiras par la main pour m'indiquer qu'il s'était emparé d'une chaussure pour la mordiller.

En même temps que tu parlais, tu nous révélas tout ce que tu avais pu développer, enfermé dans ta bulle sans pouvoir l'exprimer : le calcul mental ou la lecture des mots que tu me diras avoir appris sur les plaques des voitures et des rues.

J'ai ainsi compris que pour diffuser cette méthode des 3i et permettre à d'autres d'en profiter, il fallait la compléter, l'enrichir de ce qui nous avait manqué :le fil directeur de ton évolution et de tes progrès sans lequel il me serait impossible de suivre d'autres petits princes. Il fallait que je puisse dire à leurs parents : voilà où il en est, voilà ce qui reste à faire.

Donc, j'ai essayé, comme je vais t'en parler plus loin, d'abord de comprendre qui tu étais quand tu étais dans ta bulle. Cela permettrait de comprendre pourquoi, grâce au jeu, tu es passé par différents stades. J'ai ainsi peut-être découvert une clé de l'autisme.

Avant de te la livrer, je vais t'évoquer comment nous t'avons fait jouer pendant deux années et comment nous faisons jouer aujourd'hui tous les petits princes du silence avec la méthode des 3i.

Cette méthode par le jeu intensif, individuel et interactif va à contre-courant de toutes les autres méthodes éducatives habituelles et peut paraître laxiste et négative aux non-initiés.

Elle est en fait très rigoureuse et très cadrée dans son organisation: planning, salle d'éveil, rigueur dans la manière de te faire jouer, objectifs à atteindre, évaluation, réunions mensuelles, formation des bénévoles.

Par contre, le jeu en lui-même, dans la salle d'éveil, n'est pas apparemment dirigé.

Le but est de te rejoindre dans ton monde avant de t'attirer dans le nôtre, en partant de tous tes centres d'intérêt, tes rituels, tes obsessions qu'on imitait patiemment en te montrant qu'on y prenait plaisir. Cela permettait d'entrer en contact avec toi, peu à peu. Jamais de « non », jamais de jeu imposé, jamais d'apprentissages sans que tu ne les aies demandés. Il fallait que le jeu, tu le fasses avec joie, en interaction totale. Eveiller une personne n'est pas la robotiser. Plus tard, sorti de ta bulle, comme un enfant qui n'est plus un bébé, nous avons posé des limites et des conventions sociales que tu comprenais.

Une des clés de la réussite était de ne pas te priver des objets ou repères rituels, de les accepter en essayant peu à peu de les intégrer dans un jeu.

Dans ton petit monde, dont tu m'as comme d'autres enfants, livré le secret, tu voyais défiler des objets qui te faisaient du bien et te donnaient du plaisir. Ton objectif était de les revoir sans cesse pour vérifier qu'ils n'avaient pas disparu.

Les revoir, les revoir, les revoir sans cesse te donnait du bonheur et du bien-être dans un monde où tu étais en mal-être permanent. C'est ainsi qu'un jour où tu semblais être parti dans ton petit monde, je te demandais : « qu'est ce que tu vois ?», tu me répondais, « je vois le baromètre ». Ce baromètre, dont tu étais loin à cet instant, était devenu depuis quelques jours l'objet d'une passion obsessionnelle car sans cesse tu allais le regarder dans la maison. Ne pas revoir ces objets rassurants à l'identique (taille, couleur, odeur, mouvement..) engendrait une crise d'angoisses : mauvais sommeil, gestes répétitifs croissants en étaient la rançon car tu ne pouvais l'exprimer !

C'est toi, petit prince du silence qui était le meneur, nous montrant sans cesse le chemin. A la différence de tout ce qui se fait, nous t'avons suivi totalement comme on le fait avec un petit qui s'éveille. Les bébés, on ne leur apprend ni à regarder, ni à attraper leur hochet, ni à marcher à quatre pattes, ni à faire areuh ou à vocaliser ni à parler : on les encourage dès qu'ils y parviennent.

C'est une méthode « naturelle » qui suit le rythme d'éveil de tout enfant qui grandit et en voilà les trois attitudes essentielles :

Jeu, Amour, Gaité

Trois mots magiques qui t'ont ouvert la porte de notre monde et qui l'ouvrent également à tous nos petits princes du silence.

✓ **Jeu :**

S'amuser avec toi, sans aucune attente comme avec un tout petit, sans savoir d'avance à quoi on va jouer, seulement pour faire « joujou » et passer un bon moment.

Jouer pour te détendre, te rejoindre sans cesse dans ton monde sans jamais nous y opposer ni te contraindre, t'imiter, en y prenant plaisir et en essayant de dériver en jeu obsessions et stéréotypes, ainsi créer le « contact » qui t'a donné peu à peu la présence et l'éveil.

Ainsi, par petits pas, apprivoisé, tu es entré en relation d'abord par le regard, le geste et en finale par la parole et nous avons pu t'amener dans notre monde.

Par exemple, lorsque tu grattais le fond d'une boîte, je t'imitais en te regardant et en y prenant du plaisir. Tu étais content et je suis alors devenue ton alliée, je suis rentrée dans ton monde et pour la première fois de ta vie tu m'as gratifiée d'un vrai sourire. Pour la première fois, je comptais pour toi. Je t'ai alors montré comment on pouvait gratter des deux mains ensemble et tu étais heureux d'avoir appris quelque chose. Le jeu s'enrichira chaque jour et tu as pu ainsi apprendre de plus en plus.

C'est toi qui nous as guidés et à aucun moment, nous n'avons essayé de t'imposer quoi que ce soit. On rentrait en toi pour te comprendre, surtout si une crise se déclenchait : on essayait de la saisir pour aller dans ton sens.

Incapable d'exprimer tes émotions ou ce que tu ressentais, tu criais, te tapais la tête ou entrais dans ta coquille (certains mordent ou griffent pour les mêmes raisons).

On restait « zen » et on essayait de dire tout haut ce qui se passait en toi et que tu ne pouvais exprimer que par des cris : si on sentait que c'était un signal de fatigue, nous nous allongions par terre à tes côtés, on chantait doucement.

Parfois, on te rassurait en te disant encore cinq minutes !

Pour te raconter une séance, je te reproduis ici le récit d'une merveilleuse séance avec un petit prince resté dix ans dans son silence avant d'en sortir par le jeu 3i.

Là, c'est plus qu'un sourire, c'est une communication longue, basée tant sur le regard que le geste, et sur un verbal naissant se manifestant dans le chant :

« Paul-Emile me dit « bonjour » avec un gros bisou. Nous entrons en contact avec un gros ballon ; il m'observe et caresse doucement mes cheveux. Doucement, tire mon foulard. Je lui demande s'il veut que je l'enlève : il me répond « oui ». Il est avec moi, le contact est bien établi, alors, maintenant, nous pouvons jouer en interaction.

Il va me raconter l'histoire du Petit chaperon rouge : il installe le loup déguisé en grand-mère... puis il prend le petit chaperon rouge et l'installe à côté. Il lui abaisse la tête : eh, oui, le petit chaperon rouge est triste. Il me fait comprendre que le loup dort et moi aussi, je dois dormir. Je comprends son nouveau message : aujourd'hui, je dois juste le regarder.

Il change de jeu et il me montre comment il est capable avec une grande patience de superposer des cartes: je n'interviens pas, juste pour le féliciter.

Petite pause sur le tapis. Il a remarqué que je suis maquillée : avec une délicatesse infinie, il touche mes paupières. J'ai un pansement à la cheville : il l'enlève toujours avec autant de délicatesse. Nous partons pour une demi-heure de tendresse, de câlins, le tout en chantant : Paul-Emile chante avec moi et s'arrête de temps en temps pour m'offrir un sourire radieux. Dehors, le soleil d'automne illumine la journée. Dans la petite salle, il rayonne de joie, Il s'arrête et me propose la caisse des petites voitures. Il veut me montrer qu'il sait que pour venir le voir, je prends ma voiture. Il s'ouvre à moi : l'autre compte de plus en plus pour lui.

Que du bonheur pendant ces deux heures ».

L'idée venue des Etats-Unis, de la salle d'éveil ainsi que l'idée de bénévoles se relayant pour te faire jouer me semblaient fondamentales. Je les ai gardées mais avec l'expérience, les ai rendues plus efficaces et plus adaptées.

Ta salle de jeu, loin d'être une prison, a été un lieu de renaissance. Elle a recréé ce petit nid dans lequel tous les bébés s'éveillent et grandissent avant de prendre leur envol vers le monde, vers les autres et vers l'école. Comme dans un cocon, ou dans une coquille comme les escargots avant de pouvoir en sortir leurs petites antennes, tu t'es éveillé. C'est là qu'on est venu te libérer de ta prison intérieure dans laquelle tu t'enfermais. Nous n'avons pas été tes geôliers mais tes libérateurs.

Nous t'avons délivré de ce monde très pauvre d'objets dans lequel tu t'enfermais et qui te procurait des sensations de grand bonheur.

Distrait à l'extérieur par quantités de stimuli sonores ou visuels qui te faisaient souffrir, une salle à l'écart du bruit, calfeutrée t'a permis de te concentrer, d'entrer en relation avec nous, et de ressentir la sécurité.

Petite, car, les grands espaces t'effrayaient comme les touts petits qui se mettent toujours dans des petites maisons ou des tous petits coins, cette petite salle, tous les petits princes du silence l'aiment comme toi tu as aimé la tienne. Ils s'y réfugient en dehors des séances avec les bénévoles, n'y étant pas en souffrance comme ailleurs. Comme tu le faisais souvent, tous prennent par la main leurs amis bénévoles pour les amener aussitôt leur arrivée dans ce refuge où ils renaissent comme toi. Tel Arthur, sorti de son enfermement en moins de dix huit mois, qui, le soir, reste trente minutes de plus que le temps prévu sur son planning, malgré une journée d'école. Ceci pour discuter et poser des questions avec un bénévole.

Dans cette petite salle, tout était fait pour te détendre, en particulier les jeux physiques : un trampoline, un gros ballon, un toboggan, et surtout une balançoire dont le mouvement te berçait et te permit peu à peu d'oser croiser nos yeux qui inlassablement te regardaient dans un face à face permanent.

Tu as découvert qui tu étais dans le miroir, en le touchant, en te regardant sans cesse. Tous, comme toi, quel que soit l'âge ou le niveau, vous nous touchez le visage, les mains, les cheveux. Comme un bébé le fait, tel un aveugle qui ouvre les yeux et se met à découvrir les autres et le monde qu'il n'a jamais vus.

Je crois que tu pourras avec tous les autres dire à nos « détracteurs », que dans ce nid tu n'étais ni séquestré ni martyrisé mais que tu as pu t'éveiller et renaître.

Une grande chaîne d'amour de plus de 4000 bénévoles.

- ✓ **Amour et Affection de tes trente bénévoles**

C'est ce qu'ils t'ont donné en venant, une fois par semaine, te faire jouer.

« Tant de gens qui se succèdent pour le faire jouer chaque heure, cela va le perturber, l'énerver, le stresser » c'est ce que m'exprimaient tous ceux qui n'ont pas vécu de l'intérieur cette renaissance.

C'est exactement le contraire. Trente bénévoles ont été ta chance et une des clés de notre réussite, à la différence de la méthode américaine qui limite le nombre d'intervenants à une petite équipe de huit à dix « professionnels du jeu ». Excellemment formés à la méthode, ils t'ont apprivoisé et ont créé des liens d'affection, patiemment, en te rejoignant dans ton petit monde. Attentifs à ton évolution, ils ont été très heureux de te mener jusqu'au bout de l'éveil. Ils notaient chaque semaine tes petit progrès, en faisaient part à tes parents. Pour ta maman, c'était comme un nouveau métier : elle se sentait à la tête d'une petite entreprise qu'elle devait organiser, gérer les absences, trouver des remplaçants, leur expliquer, les écouter.

En retour, elle pouvait prendre un peu de temps libre et s'occuper de ta petite sœur.

Ainsi, une grande chaine d'amour s'était crée autour de toi, et si un maillon craquait ou était absent, c'était pour toi un drame. Tu perdais tes repères et le vivais comme un abandon : tu les boudais à leur retour.

Une absence te faisait rentrer en toi, dans ta coquille aussi vite que l'escargot. Parfois, tu pouvais déclencher une crise, sans que l'on sache pourquoi.

Toi qui n'osais pas nous regarder, tu as découvert trente visages de gens merveilleux qui t'aimaient, de tous âges et de talents tous différents : ainsi, tu as pu découvrir l'autre, peu à peu, que tu ne voyais pas avant.

Quoi de mieux pour te « sociabiliser » c'est-à-dire entrer en relation avec l'autre que cette succession continue de tous ces visages aimants, essayant de te suivre dans ton petit monde tout au long de la journée, sans rien t'imposer.

Sorti de ta bulle, tu nous voyais et nous regardais sans peur comme tu le feras avec tes petits camarades d'école.

Chaque maillon de la chaîne des bénévoles t'apportait son talent, ses trésors intérieurs: l'un la musique que tu entendais comme Mozart, l'autre les roulades et galipettes qui te détendaient, un autre le câlin qui te berçait, un autre les chansons qui t'enchantaient, un autre les grimaces qui te faisaient rire, un autre la danse qui déliait ton corps. Tu pouvais ainsi entrer en contact et communiquer par des moyens très divers. Tes journées étaient très variées. Un témoignage des parents de Yann dans un journal, le confirme : « Ainsi, grâce aux bénévoles, le quotidien des parents est allégé, et le fait que Yann découvre de nouveaux visages est une stimulation supplémentaire. Chaque jour, les bénévoles se relaient toutes les heures et après chaque séance remplissent un cahier pour faire part des progrès ou des réactions observées chez l'enfant. On a distribué des affiches en se demandant si la chance serait enfin avec nous : trente bénévoles à réunir, c'est beaucoup. Eh bien, à peine trois jours après, notre équipe de choc était constituée ! Cet élan de solidarité nous a beaucoup touchés. Le sourire des bénévoles qui viennent chaque jour pour faire progresser Yann nous réchauffe le cœur : ces gens sont bons et généreux, même si la vie, elle, ne l'est pas toujours ».

✓ **Gaîté et Enthousiasme :** Entrer dans ton monde était épuisant pour le bénévole et au bout d'une heure ou une heure trente, le jeu n'était plus efficace.

Alors, un autre, plein d'enthousiasme et d'énergie venait prendre le relais.

Un relais de gaîté et d'enthousiasme était ainsi mis en place tout au long de ta journée. Ta prison se transformait en un espace de rires, de joies, de bonheur.

Guillaume neuf ans, sort de son monde de « méchants » qui l'obsédait et le rendait violent. Au bout de six mois, dit à une de ses bénévoles qui lui demandait : « tu es dans ton petit monde ? », « Oui » répondit-il, « tu veux y entrer ? Alors, enlève tes chaussures et viens tout doucement sur la pointe des pieds, sans faire de bruit, en frappant doucement et je t'ouvrirai ».

C'est ainsi que petit prince, tu as ouvert ta porte et qu'avec une infinie douceur et patience chacun de tes trente bénévoles t'ont amené peu à peu dans notre monde à nous où tu étais avant en mal-être.

Je vais te parler de l'histoire de Fabrice, un petit prince du silence, de cinq ans.

Elle montre que l'amour d'une bénévole peut réveiller un petit prince. Sa maman fatiguée, malade ne pouvait plus être là. Présente, elle n'acceptait pas que Fabrice qui criait toute la journée et la nuit, s'éveille et grandisse. Cette bénévole a appliqué à la lettre pendant près de 18 mois la méthode des 3i et elle en témoigne : « J'ai arrêté mon travail pour Fabrice pour seconder la maman et le papa qui étaient extrêmement fatigués. Fabrice, quand je l'ai eu la première fois, il y a six mois, avait un mode d'expression très particulier : cris stridents perpétuels, agitation motrice, aucune interaction. Mon objectif dans la salle de jeu était de capter son regard et j'ai utilisé essentiellement la balançoire et le toboggan. J'ai passé des séances entières, lui en haut et moi en bas. Petit à petit, j'ai croisé son regard, je l'ai suivi, il l'a maintenu : 1ère victoire… Les cris stridents ont persisté encore longtemps et petit à petit, comme le regard était là, j'ai commencé à l'imiter, en criant moins fort. Je suis rentré dans son monde comme cela par son cri... J'ai pu lui dire qu'on pouvait faire autrement et il m'a compris.

Puisque tu m'as accepté dans ton monde, je vais te tirer un peu vers le mien :

J'ai choisi de me laisser grandir avec lui. Je me suis dit : je ne vais pas le traumatiser, il est comme cela. Je l'accepte ainsi, et je vais grandir avec lui. Je vais le tirer à moi tout simplement J'ai eu beaucoup de plaisir à accueillir cet enfant dans mon univers à chaque fois qu'il sortait du sien, et j'ai eu l'impression de l'accueillir.

Le sourire vrai est apparu, le sourire normal, un sourire de réponse, de reconnaissance. J'ai vu éclore son premier langage (je reprenais en écho comme pour un bébé les areuh areuh, les babillages en boucle, les jeux de dents, de bouche. tous les sons qu'il émettait.

J'ai senti naître ses premières émotions et l'ai entendu exprimer son état du moment : heureux, râleur. Son visage est passé du masque à une expression vivante : son regard a changé.

En salle de jeu, c'est lui qui m'a toujours guidé : je ne l'ai jamais forcé.

A cinq ans il était encore comme un tout petit bébé de six mois d'âge. Il mettait des couches jour et nuit, il mangeait dans une chaise haute, était dans un lit à barreaux. Aujourd'hui il est propre et est autonome. Il mange tout seul. Cela s'est fait en un mois, en jouant. Il fait ses nuits sans se réveiller alors qu'avant, il criait beaucoup la nuit.

Au bout de six mois, une nouvelle étape, le langage, les mots arrivent une fois que tout a été mis en place : le regard, l'image de soi.

Il dit trente mots : « papa, maman ; à boire, le soleil, je veux… », les petits mots dans les chansons aussi. Il est capable de m'offrir une fleur quand on va se promener : cela fait chaud au cœur ».

Son papa s'est battu aussi et est devenu un papa heureux comme il nous l'exprime : « Il ne parlait pas, criait beaucoup jour et nuit, hyperactif, ouvrant et éteignant sans cesse la lumière. Il était comme « possédé » et n'avait aucun regard, ne mangeait que du liquide. Après un an de CMP et de méthode TEACCH sans effet probant, les 3i permettent à Fabrice aujourd'hui d'être présent, de regarder, de manger tout seul et de parler au bout de quinze mois de séances : d'abord les vocalises puis des mots puis des phrases. Fabrice est sorti de sa bulle : il est entré à mi-temps à l'école. Quel parcours ! ».

Grâce à ces bénévoles, gens merveilleux gais et enthousiastes, devenus de vrais professionnels du jeu et se succédant tout au long de la journée. Tes parents ont pu enfin avoir un peu de temps pour eux et pour ta petite sœur. Combien de parents d'enfants autistes plus âgés, se replient face aux comportements difficiles de leur petit prince du silence, sans oser aller chez des amis ou partir en vacances en famille ! La méthode leur permet de mener à nouveau peu à peu une vie sociale normale.

Il y eut des moments de joie au fil de ton éveil, et des moments difficiles lors de tes régressions apparentes car tes grands bonds en avant étaient souvent précédés de grands sauts en arrière. La conviction de l'équipe leur a donné la persévérance pour tenir deux ans.

Une trêve scolaire bénéfique :

Une trêve scolaire et de tout lieu collectif (pendant tout le temps de l'éveil) t'a été nécessaire. En cela, nous contredisions tous les professionnels de l'autisme.

Quand tu allais à la garderie, le groupe te faisait peur et t'angoissait : trop de bruit, trop de monde, tu étais en souffrance extrême sans pouvoir l'exprimer verbalement. Certes, tu semblais content d'y aller, car, dans ta bulle le fait d'y aller chaque jour créait un rituel qui te sécurisait.

Tu semblais heureux d'y aller car comme tous les êtres vivants, tu es un petit être très « sociable » qui a envie d'aller vers l'autre sans pouvoir le faire, quand tu es devant lui (tu l'as montré aussitôt sorti de ta bulle). Mais une fois arrivé sur place, tu ne pouvais pas, alors tu rentrais dans ta coquille et stéréotypais ou restais « absent » ; tu t'isolais des autres. Dès que tu « as vu » l'autre comme un enfant d'environ douze mois voit l'autre, tu as pu te « sociabiliser » et entrer en relation sans peur, et plus tard en grandissant, découvrir l'amitié et la joie d'avoir des copains pour « chahuter » et rire.

Avant, tu n'entendais pas les consignes collectives, tu étais, comme absent, enfermé en toi ; tu créais des obsessions rituelles pour te sécuriser : tu ouvrais et fermais toute la journée les portes d'un même camion ou les volets d'une petite maison.

D'autres petits princes font tourner une balle, jouent avec leurs doigts inlassablement, font des allers et retours, fixent la lumière et l'ombre, tripotent des objets, restent toujours au même endroit.

Si tu avais eu une A.V.S (auxiliaire de vie scolaire désignée pour t'aider) tu aurais acquis des automatismes que tu aurais reproduit comme un robot ou aurais créé des rituels : te mettre en rang quand la cloche sonne, t'asseoir avec les autres.

Tu n'aurais pas été présent, et chaque jour, il aurait fallu recommencer.

Certains petits princes du silence comme toi expriment leur mal-être par de la violence contre les enfants ou des gestes d'opposition, type « enlever leur pantalon », surtout en cours de récréation où les cris et la foule vous sont insupportables.

Un jour, deux mois après ton entrée à l'école où je te demandais : « alors, c'est bien l'école »? Tu me répondais : « non, il y a trop de monde, trop de bruit ».

La récréation où je t'ai vu un jour semblait un enfer pour toi, comme pour tous nos petits princes du silence. Tu donnais la main à deux petites filles pour traverser la cour et allais vite te mettre en rang dès la cloche sonnée. Je t'ai demandé si tu les avais remerciées car sinon elles ne t'aideraient plus ».

« T'es sûr ? Alors vite, je vais le faire tout de suite » me répondis-tu, inquiet que le lendemain elles ne le fassent plus.

Scolarisé, alors que tu étais encore dans ta bulle, tu n'aurais rien fait. Même si tu l'avais voulu, tu ne l'aurais pas pu : ton niveau de développement ne te le permettait pas. Tu avais alors un niveau de communication et de conscience (de toi et de l'autre) d'un tout petit entre 0 et 6 mois.

On ne met pas à l'école un enfant de un à six mois !

Le passage en CP aurait été impossible, et à neuf ans, tu te serais retrouvé en maternelle.

Des appels au secours devant l'échec de l'école m'arrivent quotidiennement par le site de l'association : comme celui des parents d'Axelle qui, à 10 ans, a été scolarisée jusqu'au CM1 dans une école ordinaire avec AVS. Devenue violente, avec des crises peu supportables à la maison, elle a été mise à l'hôpital de jour et sous Risperdal, ce qui en 6 mois a précipité sa chute. Après des années de combat au quotidien pour essayer de la socialiser, ils n'ont d'autre issue que l'hôpital psychiatrique au bout du chemin comme la sœur de Sandrine Bonnaire.

Ou comme celui des parents d'Hubert, sorti de l'école normale à huit ans avec un niveau de CP, va en CLIS (école pour enfants en difficultés scolaires) avec treize autres enfants de pathologies différentes qu'il a tendance à copier à la maison. Il ne sait plus grand-chose et a beaucoup changé depuis quatre mois où il va en CLIS car il refuse tous les apprentissages. Il part le matin et ne rentre que le soir vers 17h passant la journée au CLIS, avec des crises de fatigue énormes. Il est devenu brutal et parfois ingérable autant à la maison que dans les magasins. Il a cinq frères et sœurs qui n'en peuvent plus.

Depuis, de C.M.P (Centre Médico-pédagogique) en C.R.A (Centre ressources autisme), toujours les mêmes résultats pour ses parents : beaucoup de questions sur l'enfant, quelques moments d'observations et puis, rien, pas de solutions ! Ils n'en ont pas vraiment et c'est cela le drame pour l'enfant : quel pourra être son avenir à dix- huit ans ? Il n'a pas d'autres solutions que l'institut spécialisé ou l'hôpital psychiatrique, dans les deux cas, sous neuroleptiques au vu de sa violence grandissante.

Je suis émue, consternée et démunie face à ces multiples appels au secours venant d'AVS. En voici un : « je suis AVS dans une école maternelle de Créteil, et m'occupe deux demi-journées par semaine d'un petit garçon de quatre ans autiste ; J'avoue que je suis un peu démunie, ne sachant pas trop comment agir pour qu'il sorte de son isolement. Il ne s'exprime que par des cris aigus puissants qui dérangent la classe. Il a toutes les caractéristiques d'un enfant qui souffre. Il recherche le contact avec les autres enfants de la classe mais c'est souvent violent car il en a peur ! J'aimerais avoir des conseils de votre part. »

A chaque appel, la souffrance et la violence sont soulignées. Ces petits princes nous appellent au secours en disant : « je souffre, enlevez moi de l'école… Ils n'ont d'autres armes que les cris et la violence. **ALORS POURQUOI LEUR IMPOSER L'ECOLE et les lieux collectifs ?**

Je vais t'évoquer, avec l'exemple de deux petits princes du silence éveillés par les 3i, les bienfaits de cette déscolarisation.

Comme Alexis, six ans (Asperger), qui parlait mais s'était toujours senti décalé, incompris et isolé dans toutes les structures collectives où il avait été mis depuis l'âge de deux ans : crèche où il était toujours dans son coin, en maternelle, souvent couché par terre et sujet de moqueries, dans la lune, refusant de faire comme les autres. En CP, la souffrance s'étant accrue, il s'accrochait souvent aux grillages dans la cour de récréation malgré la présence d'une A.V.S. La décision de le déscolariser en cours d'année, a été très difficile : sa maman s'est heurtée à tous les « a priori » des professionnels qui lui disaient : « c'est scandaleux, c'est criminel ».

Pensant comme moi, professeur pendant quarante ans, qu'un an dans sa vie sans aller à l'école, pour pouvoir la réintégrer, est une décision positive. C'est ce qu'elle a fait. Après six mois de méthode, Alexis était un enfant soulagé, il revivait et faisait des progrès phénoménaux, comme s'il commençait une nouvelle vie. Sa maman avait attendu six ans pour avoir un enfant qui n'a plus un visage fermé, mais ouvert dans la détente, heureux de vivre.

Ou comme Valery, qui était dans le verbal à quatre ans. Il s'exprimait très bien mais n'arrivait pas à entrer en relation avec les autres enfants et souffrait beaucoup à l'école : il griffait les autres et était lui-même martyrisé. Il disait à sa maman : « tu sais, c'est trop difficile la cour de récréation ». Aujourd'hui sa maman, ne se pose plus du tout de question par rapport à la déscolarisation très provisoire car elle le remet bientôt en moyenne maternelle.

Comme toi, avant d'être mis à l'école, il faudrait que tous ces petits princes du silence sortent d'abord de leur monde en s'éveillant par étapes grâce au jeu intensif et atteignent trois ou quatre ans d'âge de développement.

Ce temps de l'éveil est variable d'un petit prince à l'autre : tout dépend du stade de développement de départ. Dès qu'ils parlent, comprennent les consignes par eux-mêmes, entrent en relation avec l'autre, sont capables d'apprentissages, l'école est positive, lieu de socialisation et d'apprentissages, comme elle l'est pour toi aujourd'hui, petit prince.

Heureusement, tu n'as pas connu l'obligation, depuis la loi de 2005, d'être inscrit à l'école maternelle comme tous les enfants souffrant d'un handicap, avec une éducatrice spéciale (A.V.S) pour t'assister et t'intégrer au mieux avant de rejoindre en CP les classes spécialisées ou un I.M.E (Institut Médico-Educatif).

Il faudrait faire une exception à cette loi pour tous les petits princes du silence, y compris pour les « Asperger » qui parlent, puisque dans votre bulle, l'école vous replie un peu plus sur vous-mêmes et peut vous rendre violents.

Tu n'as jamais eu d'A.V.S (sauf quelques semaines en début de CP, car l'école savait que tu avais eu des troubles du développement et craignait que tu n'y arrives pas). Tu te retournas, un jour vers elle, exaspéré de la voir toujours derrière toi, tel un ange gardien, d'une voix très forte, tu lui dis : « mais, qu'est ce que tu fais là ? Je ne veux pas de toi, je n'ai besoin de personne » et au pédopsychiatre qui te demandais pourquoi, tu ne voulais de personne pour t'aider, tu répondis : « mais, pourquoi, les autres n'en n'ont pas ? ».

Tu veux toujours être comme les autres sans être considéré différemment (comme les petits princes qui s'en sortent), même si cela te demande parfois un énorme effort, donc plus de fatigue.

Il faut certes un temps d'adaptation : c'était dur pour toi, les premiers mois d'école, en moyenne maternelle, de rester concentré aussi longtemps, d'obéir aux consignes, d'enfiler tout seul ton manteau ce que tu ne pouvais pas encore faire.

Un jour oû j'allais te chercher, je dis à ta maîtresse : « vous savez, c'est dur pour lui, je vais l'aider ». « Il n'a qu'à faire comme les autres », me répondit t'elle ! Je pensais : si elle savait d'où tu venais, elle te dirait plutôt : « BRAVO Augustin, tu es un petit champion ».

Aux yeux des autres, tu le devins vite car tu récitais poèmes et comptines et surtout tu savais lire (tu as appris tout seul « sur les plaques d'immatriculation as-tu dit un jour) et tu leur lisais ce qui était écrit dans la classe.

D'ailleurs comme toi, les petits princes du silence sortis de leur petit monde arrivent à lire « globalement » les mots sans apprentissages. Lorsqu'un bénévole se trompe sur un mot même d'un livre inconnu, ils réagissent en montrant que ce n'est pas le bon mot.

Dès que ton éveil a été quasi achevé après des mois de jeu intensif, que tu parlais, regardais, comprenais normalement et que tu pouvais dire à l'autre : « viens jouer avec moi » un temps d'école à la maison a été organisé par tes bénévoles, pour te préparer à la grande école. Ils t'imposaient à un moment de la séance de jeu une phase de travail dirigé. Ils mettaient un brassard rouge, signe pour toi du temps l'« école à la maison ».

Les plus âgés de plus de six ans, sont remis au niveau scolaire des enfants de leur âge après un ou deux ans d'école à la maison faite par des instituteurs à domicile, une à deux heures par jour.

Je te donnerai deux exemples, d'abord celui de Louis, un petit prince de neuf ans qui vient d'être remis avec succès en CE2 après avoir rattrapé en un an son CP et CE1 grâce à des institutrices venues à domicile... Il lit et écrit ce qu'il ne pouvait pas faire il y a deux ans, renvoyé de la classe de CP où il devenait violent, martyrisé par les autres ! Louis (qui parlait) était en souffrance permanente, incapable d'apprentissages (incapacité de tenir un crayon), maltraité et mordu jusqu'au sang, et des coups sur la tête. La décision fut difficile à prendre par sa maman, avec un entourage hostile qui la culpabilisait en lui disant : « c'est une honte de le déscolariser, vous le mettez dans une secte » !

Elle craignait les représailles administratives de l'Inspection académique qui la menaçait. La scolarisation n'est pourtant pas obligatoire dans une structure collective, elle peut se faire à domicile. Louis a été déscolarisé ; il joua seul à seul avec des bénévoles, sans faire de pages d'écriture. Il aurait bien voulu les faire mais ne pouvait pas, ne ressentant ni son corps ni ses mains, qu'il a découverts peu à peu comme un tout petit devant le miroir. Au bout d'un an, ses mains devenues habiles, il a pris un crayon pour la première fois de sa vie pendant les vacances et a écrit de lui-même à une de ses bénévoles adorées : « Armelle, je t'aime ». Avec des institutrices, il a pu l'année suivante être remis au niveau du CE2, tout en continuant les séances de jeu à mi-temps. Ce fut une réussite : il n'est plus paralysé par le scolaire. Il lit et écrit, n'a plus peur de sa production : « Je suis un petit champion » dit il en regardant sa poésie bien écrite et décorée par lui et il est premier de sa classe, sans AVS, dans une école normale.

Je t'évoque aussi l'exemple de Pierre, plus âgé, renvoyé du CE2, incapable d'écrire, de parler autrement que pour lui, de façon hachée, de s'intégrer au groupe, de se regarder dans le miroir ou de chanter. Il a quitté l'école pendant un an pour jouer de façon intensive, avec une équipe de bénévoles. Il a fait avec sa maman l'école à la maison, chaque matin pendant une heure. Il sera remis l'année suivante, en CM2 avec succès. Le directeur de son école, très réticent au départ à cette déscolarisation, a félicité sa maman au bout d'un mois, car épaté de ses progrès : « Madame, vous avez gagné » ! Aujourd'hui, il est en 6ème, transformé !

Tu vois, aucun des deux n'a perdu de temps et pourtant ils ont fait cette trêve scolaire, l'un d'une année, l'autre de deux ans.

Je découvris peu à peu quantité de choses en t'observant, que j'intégrai dans la méthode et qui permet aujourd'hui de donner réponse aux questions des parents et bénévoles. Par exemple, l'emploi du temps, les sorties, l'acquisition de l'autonomie (propreté, manger seul), l'évolution des jeux.

Nous t'organisions un emploi du temps régulier et prévisible, ce qui t'a permis d'établir tes repères dans le temps et de diminuer tes angoisses du changement.

Un grand de quinze ans, Charles nous le montre : les soirs où sa maman lui annonce qu'il y aura quelque chose de nouveau ou quelqu'un de nouveau le lendemain, il refuse de se lever le matin ; il n'est pas encore capable de gérer l'imprévu, qui l'angoisse très fort. Il ne peut l'exprimer que par une attitude de repli.

Toi-même, un jour où une bénévole fut remplacée par une autre sans te prévenir, tu rentras dans une grande colère et lui dis, rageur : « je vais te tuer, je ne veux pas te voir » alors que tu l'aimais beaucoup habituellement. C'était, en fait, un progrès car tu exprimais tes sentiments et quelque chose de fort, alors qu'avant tu te repliais dans ton monde sans nous honorer d'un seul contact.

J'ai compris qu'il te fallait le moins de changements, le moins de sorties non régulières possibles. Ceci tant que tu ne comprenais rien au monde dans lequel tu vivais ni ce qu'on te disait. Comme un tout petit qu'on élève paisiblement dans son berceau sans bruits et sans changements multiples, tu vivais dans l'instant.

A moitié sorti de ta bulle, contrairement aux autres enfants, les vacances, avec les changements de lieu et les horaires variables n'étaient pas positives car tu perdais tes amis bénévoles, donc tous ceux qui t'aimaient et qui te rassuraient.

Tu perdais aussi ton petit nid, donc tous tes repères. Cela t'angoissait et pourtant, on transportait ta salle de jeu à la campagne, ce qui limitait le trouble.

Ton déménagement dans une nouvelle ville, a été vécu par toi comme pour tous les petits princes du silence, comme un drame. Dans l'espace que tu ne maîtrisais pas, tous tes repères s'effondraient et disparaissaient alors qu'ils te sécurisaient et restaient présents dans ton petit monde. Tu voulais les voir et les revoir inlassablement.

Quel drame et angoisse pour toi de ne plus les revoir ! Avant, enfermé quasi totalement en toi, cela ne semblait pas t'atteindre. Comme le disait ta maman : « avant, je pouvais l'emmener n'importe où ; maintenant, c'est très difficile ».

Les autres petits princes en témoignent :

Maxime, lui, cinq ans, a mis trois mois pour commencer à s'apaiser, à redormir, après son changement de maison.

Pierre-Jean, quatorze ans, qui sort de sa bulle, l'exprime, maintenant que sa parole nous livre les secrets de son monde. Il peut enfin dire verbalement ce qui l'angoissait et constituait son monde : ne plus voir sa maison d'avant les travaux, était devenu tellement envahissant que cela paralysait toute interaction. Grâce à un album photo de la maison d'avant et la maison d'après, son angoisse s'est apaisée dès qu'il a pu la revoir en photo. Perdre un repère génère une énorme angoisse et pendant plusieurs années, il ne pouvait dire ce qui lui donnait du mal-être, cause d'une part de ses angoisses.

Comme les touts petits de moins de deux ans, tu étais en mal-être à l'extérieur, dans les grands espaces. Tu compensais en créant tes repères, passant toujours par les mêmes endroits de façon obsessionnelle, ou en étant fasciné par les mêmes choses : tu avais ton petit trottoir de prédilection dès que tu sortais de ta maison de vacances. Les portes de garage et les plaques d'immatriculation te figeaient et te transportaient de bonheur : tu agitais indéfiniment tes petites mains.

Au jardin public, tu t'enfermais dans tes stéréotypes en ouvrant et fermant sans cesse le petit portillon. Dans les très grands espaces, comme les petits enfants, tu n'avais pas de repères et tu t'échappais tel un enfant sauvage. Je me rappelle le petit Gwenolé, cinq ans, sortant de sa salle située à la campagne devant de grands champs et s'échappant en courant sans s'arrêter.

Ainsi, mieux valait te promener, à l'écart du bruit, du monde, dans des endroits fermés, pas trop grands, et toujours les mêmes.

Souvent, tu ne pouvais ni avancer ni donner la main : la poussette te sécurisait ce qui n'est guère possible lorsqu'on a sept ans comme Olivier qui la réclame en criant. Il refuse toute sortie : c'est pour lui une grande souffrance et un énorme effort qui engendre des crises quotidiennes, à l'heure de la promenade.

Je me rappelle qu'en arrivant à six heures du soir à la gare Montparnasse, grouillante de monde, tu fis sortir ta petite sœur de deux ans, de la poussette pour t'y mettre.

Vous comprendre de l'intérieur en comprenant ce que vous vivez et ressentez, m'a permis de comprendre l'autisme, dont je vais te livrer ci-dessous une clé.

CHAPITRE 7

Tu m'as donné une clé de l'autisme

Grâce à l'expérience acquise auprès de toi et de tous les petits princes du silence, à l'observation quotidienne de votre évolution, à la lecture de mémoires d'autistes, à la découverte des recherches actuelles sur l'autisme, j'ai pu découvrir le bien-fondé de la méthode par le jeu et peut être trouvé une clé de l'autisme.

Cela est appuyé sur ce que vous « êtes », et confirmé par les découvertes récentes sur le cerveau de l'autiste (IRM fonctionnel) comparé au cerveau du bébé, ou les dernières découvertes génétiques.

C'est une piste qui, j'espère, pourra servir à tous les chercheurs et professionnels de l'autisme. Cette méthode t'a tiré de ton petit monde. Elle fait de même sur nos petits princes du silence, quel que soit leur âge ou la forme du trouble du développement : qu'ils soient Asperger (avec langage), autistes de haut niveau, ou autistes profonds avec retard moteur ou syndrome associé comme l'épilepsie.

Né autiste, ton éveil semble s'être bloqué à la naissance :

En revoyant tous les petits films et photos, tu sembles bien être né « autiste » puisque tout petit, ton regard fuyait et s'accrochait aux objets ou à la lumière. Tu avais la sagesse anormale d'un petit Bouddha, et tu n'avais jamais fait ni ton premier sourire en nous regardant ni les marionnettes ni le « bravo-bravo » des enfants de dix mois.

On « nait » autiste », c'est ce que les chercheurs semblent confirmer actuellement : ils parlent d'un dysfonctionnement neuro-développemental du cerveau dès la naissance.

C'est comme si *tu n'avais pas mis en place les étapes du développement du tout petit, comme si tout ou partiellement était resté bloqué à ta naissance :*

- L'éveil du regard ou de la communication gestuelle ou verbale,
- L'éveil de la conscience de toi, des autres et de ton environnement,
- le développement moteur en partie,
- les perceptions sensorielles (olfactives, visuelles, auditives, gustatives, tactiles),
- l'éveil affectif.

Tu étais un enfant de trois ans avec des perceptions sensorielles, des moyens de communiquer et une conscience du bébé. Ceci, je l'ai observé sur tous les jeunes qui ont suivi la méthode.

Des perceptions sensorielles d'un bébé ?

✓ **Tu ne voyais pas comme nous**

Tu ne nous regardais pas et ne nous souriais pas comme un bébé à la naissance. Les chercheurs du « Babylab » suédois confirment que les autistes comme le bébé (ainsi que les primates) ne voient pas nos yeux ni la globalité de notre visage mais ne voient qu'un détail : nos lèvres qui bougent ou des détails du visage.

C'est peu à peu, entre un et deux mois, que les sourires d'anges d'un bébé se transforment en vrais sourires dès qu'il capte les yeux et le regard de l'autre.

C'est seulement vers un an qu'ils voient l'ensemble du visage et peuvent en décrypter les expressions.

Et c'est ce parcours là que tu as fait grâce aux séances de jeu en un an. Les compte rendus mensuels l'attestent.

Quand tu étais enfermé en toi, tu voyais les détails de notre visage ou voyais notre tête « monstrueuse » ou vide, alors tu focalisais sur les objets et évitais notre tête.

Le laboratoire suédois Babylab a montré qu'un autiste en présence d'un visage ne le regarde pas mais focalise sur un objet proche comme un micro ou un appareil photo.

Gunilla Gerland (autiste sortie de sa bulle à l'âge de 28 ans) a exprimé son passé dans un livre « Une personne à part entière ». Elle confirme que les visages lui faisaient peur, qu'elle ne voyait pas les gens comme nous, n'en voyait qu'un tohu-bohu de détails. N'en voyant pas le contenu, nos visages lui paraissaient des visages vides sans liens entre eux, faits de morceaux épars. Donc, comme toi, elle ne pouvait pas dessiner un bonhomme mais seulement des détails sans liens. Elle ne pouvait pas demander son chemin dans la rue, n'osant s'adresser à des visages vides d'autant qu'elle n'en lisait aucune expression. Les gens lui faisaient peur car ils bougent, changent, ne sont pas toujours pareils. Les objets, eux, ne bougent pas, ne changent pas, ont toujours la même forme ou texture. Elle avait besoin, comme toi, de les revoir toujours semblables et à la même place.

Elle ne percevait que des objets (qu'elle revoyait quand elle s'isolait dans son petit monde) : objets et personnes, étaient la même chose.

Elle ne faisait pas la différence entre une personne et une maison : les fenêtres sont les yeux et la porte est la bouche !

Toi-même, petit prince du silence, tu as dit à ta maman un jour :

« Ma petite maman, je t'aime.et je ne t'aimais pas avant, car *je ne te voyais pas et papa non plus. Tu sais, j'étais mieux tout seul avec moi ».*

Tu voyais sans doute notre visage à la façon d'un tableau de Picasso, avec des morceaux épars dont tu ne captais que les détails et non la globalité.

C'est pourquoi tu le fuyais ; nos visages te paraissaient vides ou monstrueux : on ne regarde pas les monstres. Alors, tu évitais notre regard.

Il est ainsi confirmé aujourd'hui que les bébés ne voient pas la globalité du visage. Ils reconnaissent leur maman ou leurs proches par l'odorat. Or, tu avais un odorat extrêmement développé : c'est ainsi que tu devais reconnaitre tes proches. Les petits princes du silence peuvent bouder une bénévole qui a changé de parfum. Tous les Petits princes du silence que nous éveillons par le jeu nous confirment cette vision différente.

Paul Louis, à dix ans et encore dans sa bulle, dessinait notre tête de façon énorme, comme il la voyait, comparable à celle d'un monstre et notre corps qu'il ne voyait pas, comme un fil. Aujourd'hui, sorti de sa bulle, la tête de son bonhomme est ovale et proportionnée et le corps existe.

Maxime, à neuf ans, était violent et terriblement enfermé, ne parlant que de « méchants », sa maman ne pouvait pas l'emmener se promener tellement il était violent avec ceux qu'il rencontrait. Il nous voyait sans doute comme des monstres « méchants ». Peu à peu en nous découvrant et en se découvrant, les « méchants » ont disparu et Maxime a arrêté d'être violent.

Donc, ta vision était très vraisemblablement celle d'un tout petit enfant.

✓ **Tu n'entendais pas comme nous** :

Comme un bébé à la naissance qui entend les ultrasons mais semble parfois insensible à des bruits forts, tu entendais des petits bruits inaudibles pour nous.

Par exemple, tu étais le premier à entendre ta maman lorsqu'elle ouvrait le portail.

Tu ne répondais pas à l'appel de ton nom, même à un mètre de moi, comme si tu le faisais exprès ou si tu étais sourd, ce que contredira le test d'audition.

Quand je murmurais, tu semblais mieux entendre. Quand je parlais avec ma voix forte de professeur, tu jetais les objets et te tapais la tête.

Les bruits de foule t'étaient insupportables : au supermarché ou dans les fêtes de famille, tu t'isolais et rentrais dans ton monde en stéréotypant, comme si tu ne voyais rien ni personne. Certains bruits comme l'aspirateur, le séchoir à cheveux, le mixeur te rendaient « fou ».

Par contre, tu entendais la musique douce ou classique comme Mozart ou Beethoven et ne t'endormais à la sieste qu'avec la « Petite musique de Nuit » de Mozart.

Gunilla Gerland témoigne de cela aussi dans ses mémoires. Elle entendait les ultrasons et pas tous les sons de la voix humaine ; elle ne répondait pas à l'appel de son nom qu'elle n'entendait pas mais entendait les tous petits bruits et les chuchotements. La musique comme Mozart la transportait comme toi. Elle aimait bien rouler en voiture, comme tous les petits princes du silence : le bruit du moteur ne gênait pas son système nerveux et lui était agréable. Elle serinait des rengaines monotones.

Bien qu'elle coupait le « courant », c'est-à-dire qu'elle rentrait dans son petit monde et paraissait absente ou indifférente dès qu'elle était en surcharge auditive et visuelle surtout à l'extérieur, dans les endroits bruyants ou collectifs (trop de visages vides). Hypersensible aux bruits comme toi et les autres petits princes, elle ne filtrait pas tous les stimuli auditifs à l'extérieur, comme nous le faisons.

Certains bruits forts étaient douloureux pour elle : dans le métro, sa tête lui faisait mal, trop de signes, trop d'informations, trop de gens, trop de sons, trop d'odeurs. Au cinéma, quand le son était fort, elle se bouchait les oreilles comme toi. Elle ne supportait pas le brouhaha. Elle avait l'impression qu'il lui grignotait le cerveau en le réduisant en poussière ; alors elle coupait le système, comme le fait un disjoncteur et rentrait dans son monde mais ses sens restaient en action : elle voyait, entendait. La présence de la foule dans de vastes salles la fatiguait.

L'école était aussi pour elle un enfer : assaillie par le bruit, elle n'osait bouger.

Tout semblait affreux. Les récréations étaient pour elle aussi, le comble de l'horreur : tout lui paraissait un chaos indicible, alors, elle rentrait en elle pour se déconnecter.

Des bruits auxquels elle ne réagissait pas, elle ne les entendait jamais. Elle les entendait souvent comme retardés : ils se blottissaient dans son oreille sans réussir à y pénétrer. Elle les cueillait ensuite dans ses oreilles.

Cela, petit prince, tu me l'as montré, tout petit, quand tu as réagi à retardement, après l'éclatement fort d'un ballon de baudruche près de tes oreilles.

Une anecdote arrivée à une petite Pénélope de six ans, profondément autiste : quelques jours après un déménagement, elle hurlait pour aller dans la cuisine à chaque repas. Elle n'acceptait ses repas qu'assise sur la balançoire, dans sa salle de jeu. Alertée par les parents, je me renseignais : ils m'indiquèrent l'existence d'un hublot haut où nichaient des chauves souris qui, comme on le sait émettent des ultrasons inaudibles pour nous. Pénélope, enfermée dans sa bulle entendait bien ces ultrasons qui l'effrayaient car dès le hublot nettoyé de ces visiteuses, Pénélope accepta la cuisine !

L'I.R.M fonctionnel a révélé ces différences auditives et nous montre que le cerveau des autistes ne capte pas la voix humaine normalement, au niveau du sillon temporal supérieur mais dans une autre zone du cerveau (comme les touts petits à la naissance ?). Ainsi quand tu ne répondais pas à l'appel de ton nom, c'est que tu n'entendais pas, comme un tout petit avant huit mois ne répond pas quand on le nomme.

Tous tes sens étaient hyper-développés : ton sens tactile t'amenait sans cesse à gratter tous les objets comme le fait un petit de quelques mois.

Certains petits princes du silence ne peuvent pas être touchés comme s'ils étaient parcourus par une décharge électrique.

Ton goût n'était pas le même : tu étais très sélectif et ne voulais avaler que des aliments de bébé liquides ou fluides : yaourts, compotes, purées, crèmes.

Avant cinq ans, tu refusais de mâcher : en fait tu ne pouvais pas plus qu'un petit bébé mâcher et déglutir. Boire au verre te posait problème.

Un petit prince du silence de sept ans n'accepte que son biberon, malgré trois ans de « dressage » pour le faire manger à la cuillère à l'hôpital de jour ; un autre de vingt cinq ans n'arrive pas à manger à la cuillère et joue encore au hochet après plus de vingt ans de méthodes variées.

Certains autres mettent tout à la bouche, même la terre et le sable pour certains, à l'image du comportement buccal du tout petit.

Ton estomac, selon certains chercheurs était poreux (comme celui des bébés ?) : lorsque tu mangeais des aliments à base de gluten (farine de blé) et de caséine (lait animal), tu étais beaucoup plus agité dès le soir même ; c'est le cas de la plupart de nos petits princes du silence. Lorsque tu as arrêté d'en manger, pendant trois semaines, tu as été agité comme en période de sevrage d'une drogue ou d'un poison. Selon certains chercheurs, c'était comme si ces aliments agissaient tel un poison dans le cerveau, acheminés par le sang dans celui-ci, à cause de la porosité de ton estomac.

Le vaccin du ROR, à l'âge de huit mois, t'a amené dans les jours qui ont suivi à te balancer dans ton lit. Sans être une certitude, il y a une correspondance troublante et tu n'es pas le seul : bien des parents témoignent du retrait autistique de leur enfant après un vaccin.

Charles, sept ans, était un enfant comme un autre, scolarisé normalement en CE1 ; dans la semaine qui a suivi son rappel DTCoq Polio, il s'est brusquement enfermé dans l'autisme, diagnostiqué aussitôt. Celui-ci, en déficit d'iode, a récupéré sa présence en quelques mois grâce à des bains d'algues chauds (dès qu'on arrêtait les bains, au début, le retrait autistique repartait). Les chercheurs affirment actuellement qu'il n'y a pas de certitude sur ce sujet, mais il y a des faits troublants que nous observons sur le terrain.

Les métaux lourds contenus dans ces vaccins, passeraient dans le sang, du fait de la porosité de leur estomac (prédisposition génétique ?) comme du poison montant au cerveau, et iraient détruire des synapses, ce qui amènerait le repli autistique.

Ainsi, tes perceptions sensorielles semblaient être restées celles d'un bébé avec un cerveau d'enfant de trois ans. Ton petit cerveau de trois ans sans aucune lésion fonctionnait parfaitement et te permettait de tout emmagasiner telle la mémoire d'un ordinateur géant. Tu accumulais des informations sans liens entre elles et sans pouvoir les exprimer. Ta mémoire était fabuleuse.

C'était comme si tes perceptions s'étaient bloquées à ta naissance : ainsi, tu voyais notre monde déformé et énigmatique, d'où ton mal être qui t'obligeait à partir dans ton petit monde à toi, qui te sécurisait, en moins d'un quart de millionième de secondes. Ta faculté de « débrancher » le contact avec nous était fulgurante. Ce mal-être se traduisait par de grandes angoisses que tu ne pouvais exprimer, alors tu quittais notre monde réel pour le tien dans lequel tu t'enfermais avec délice mais pour nous, tu étais ailleurs, comme totalement absent. Tu riais tous seul ou parfois, tu criais sans raison suivant ce que tu voyais.

Ton monde à toi où tu étais si bien était sans doute peuplé de ces objets au contact desquels tu te complaisais car tu n'en n'avais pas peur. Tu les voyais défiler comme dans un rêve (pour d'autres petits princes, c'est un monde de monstres, de méchants ou de paroles sans signification, qui les rendent violents).

Tu avais toujours envie de les revoir identiques. Tu t'y repliais, dès que tu étais en mal-être et tu y étais bien. Ces objets, leur couleur, leurs mouvements, leurs formes, leurs odeurs te donnaient des sensations de bien être et de plaisir que sans cesse, tu voulais retrouver dans notre monde. Dès que tu les revoyais, tu essayais de les garder en créant cette répétition du geste ou du rituel qui devenaient obsessionnel. Par exemple : tu ouvrais sans cesse les portes du même camion à la garderie et les mêmes portes ou interrupteurs à la maison, cela créait en toi des sensations de bien-être ou de grand bonheur. Si ces objets changeaient de forme, de place, de couleur ou si on les touchait ou te les prenait, cela engendrait une crise immédiate. Sans cesse tu vérifiais leur présence.

Tu mettais toute ton énergie et intelligence pour les retrouver sans cesse.

Enfermé dans ta bulle, tu les voyais défiler sans cesse en images et le monde autour de toi n'existait pas : tu étais absent. J'avais beau parfois passer ma main devant ton visage, tu ne manifestais rien.

Tu avais sans cesse besoin d'enrichir ce monde, et tu étais heureux qu'on t'y aide. Alors tu nous instrumentalisais pour cela. C'est ainsi que nous rentrions dans ton monde, en salle de jeu. On s'introduisait doucement dans tes rituels ou obsessions : tu étais heureux, tu te détendais, tu nous acceptais, alors peu à peu, tu nous regardais.

Identiquement, le développement de la communication de la conscience a dû rester bloqué à la naissance. Tu grandissais et ton cerveau aussi, avec des moyens de communiquer et une conscience de toi, des autres et de ton environnement, d'un TOUT PETIT de un à six mois.

Tu ne comprenais rien au monde dans lequel tu vivais, pas plus qu'un tout petit, ne faisant les liens ni avec les objets, ni avec les personnes ; ton Q.I était du niveau d'un bébé. L'évolution que tu as suivie grâce au jeu intensif et individuel a démontré tout cela.

La méthode des 3i confirme cette clé de l'autisme.

La méthode des 3i permet de reprendre et de débloquer le développement manqué, depuis la naissance, pour des raisons que les chercheurs commencent à expliquer.

Par le jeu intensif et individuel, tes perceptions sensorielles ont évolué comme pour tout enfant, comme si l'éveil de tes perceptions et leur évolution, avaient commencé le premier jour de cette stimulation par le jeu. Je les ai vues au fil des mois évoluer et entrer dans la normalité comme chez tout enfant qui grandit.

Ton audition d'abord : un jour, après six mois de séances de jeu, alors que je mettais le mixer en route, au lieu de te taper la tête ou de déclencher une crise comme avant, tu t'intéressais aux blancs d'œufs qui montaient en neige !

Chez le coiffeur, plus de hurlements mais tu t'intéressais au fonctionnement technique du séchoir.

Toi qui semblais être un grand musicien, un beau jour, tu mis l'appareil à CD hors de la salle de jeu, et sur le piano de famille que je fis livrer dans ta maison, tu arrives tout juste à jouer « au clair de la lune ».

Aujourd'hui, tu supportes les bruits de foule de mieux en mieux même ceux d'une cour de récréation. Tu peux aller au cirque, dans les kermesses, dans les fêtes de famille sans manifester ni gêne particulière ni rentrer dans ton monde ou stéréotyper.

Ta vision de la lumière a changé peu à peu : au début tu étais fasciné par le soleil et toutes les sources électriques et clignotements de lumière qui t'amenaient à « flapper », avec tes mains. Tu t'agitais quand nous empruntions les souterrains éclairés par des néons, comme certains petits enfants.

Tes autres sens évoluèrent aussi, tactiles ou gustatifs. Ainsi, tu arrêtas peu à peu de gratter partout. Tu commenças à manger du solide : d'abord, une très petite miette d'une brioche puis deux puis, au bout d'un mois toute la brioche comme un tout petit qui se met à manger du solide et un petit gâteau. Tes goûts commencèrent à se diversifier comme l'évoque une maman avec son petit prince du silence, au bout d'un an de jeu intensif : « grand progrès, cette semaine, Noah diversifie son alimentation, enfin, il a mangé de la viande, du foie de veau et même des clémentines pour la première fois à cinq ans ».

Parallèlement je t'ai vu repasser par toutes les phases du développement d'un enfant de 0 à 3 ans tant au niveau de ta conscience qu'au niveau moteur et de la communication.

C'est peu à peu qu'un petit bébé prend conscience de lui, de l'autre et du monde qui l'entoure entre trois et vingt quatre mois.

Il observe ses mains avec lesquelles il commence à jouer puis ses pieds puis chaque partie de son corps et sa tête dans le miroir. C'est ce que tu fis au fil des mois comme tous nos petits princes du silence sans exception, qu'ils aient deux ans ou dix-huit ans. Ce ressenti de ton corps a amené de grands progrès moteurs en motricité fine et globale : à un moment donné des séances, tu as pu faire bravo, les marionnettes, pointer, et devenir de plus en plus habile de tes mains, comme un tout petit qui, découvrant ses mains, va pouvoir tenir un hochet, détruire et jeter avant de construire, empiler les cubes, encastrer, joindre deux Legos, prendre un crayon avec le poing avant de le pincer normalement.

Cela, je l'observe aussi sur tous les petits princes du silence, quel que soit leur âge, au fil des séances. Notre doyenne, Marie, à dix huit ans, en dix huit mois est passée par toutes ces phases : ses mains molles au départ, qu'elle ne ressentait pas, qui l'empêchait de « faire » quoi que ce soit sont devenues souples et habiles. Du cube ou kapla qu'elle a commencé à empiler, du bravo ou au revoir, elle est passée au crayon qui amène le dessin : traits, ronds, têtard qui a été la première ébauche de son bonhomme, coloriage, et bientôt lettres et chiffres.

Tes progrès en motricité globale étaient indéniables et même spectaculaires : on t'a vu monter de mieux en mieux les escaliers, ce que tu n'osais pas faire, sauter des deux pieds avec fierté, pouvoir courir normalement.

Certains petits princes (même les plus âgés) passent par le quatre-pattes qu'ils n'ont jamais fait, et vont ainsi acquérir une marche moins saccadée, pouvoir escalader, monter sur les tables, les chaises, ramper, faire la brouette, pédaler…

Marie ou encore Caroline, 15 ans, sont repassées en quelques mois par tous ces stades qui leur permettent aujourd'hui de marcher normalement et non de façon branlante, de courir, d'escalader, de gagner en taille jusqu'à dix cm, en quelques mois, rien qu'en se redressant.

Tous leurs membres se délient et prennent cette force qui leur manquait pour les utiliser normalement. Leurs bénévoles sont tous pour eux d'excellents psychomotriciens.

Toi et les petits princes du silence, vous passez réellement tous, quel que soit votre âge et votre forme de TED, par toutes les étapes que vous n'avez pas mises en place dans votre petite enfance. Des cassettes vidéos nombreuses l'attestent. Les témoignages des bénévoles et des parents dans les compte rendus journaliers aussi. C'est indéniable !

Tu as découvert l'autre, par étapes, comme un bébé le fait. Tu nous découvrais comme si tu ne nous avais jamais vus : tu nous touchais le visage, les cheveux, les bracelets, les colliers, les lunettes. Un jour, tu mis tes mains dans ma bouche, comme pour découvrir mes dents. Tous nos petits princes, quels qu'ils soient, font la même chose que toi.

En même temps, tu te regardais souvent dans la glace comme si tu ne t'étais jamais vu ; tu t'identifiais sur le miroir et y réalisais l'image de toi-même. Quel que soit votre âge, vous faites tous cette même découverte.

Paul Loup à dix ans s'est mis à toucher le miroir pour voir si l'enfant derrière le miroir était bien lui.

Le petit Simon de trois ans, très sensible, s'est mis à hurler à la mort quand il a réalisé qu'il y avait quelqu'un dans le miroir et que c'était lui. Dès cet instant, il s'est mis à refuser sa salle d'éveil. Les parents avaient décidé d'arrêter tout et avaient organisé une réunion avec l'équipe et moi-même pour l'annoncer. L'explication nous a été donnée par le dernier bénévole qui prit la parole, elle dit : « il y a un mois, je me rappelle un cri strident suivi d'un hurlement de Simon devant le miroir où jusqu'alors il passait sans se voir. Je l'ai noté sur le cahier ». Ouvrant alors celui-ci, sa maman constata que cela coïncidait exactement avec le jour du refus des séances dans la salle. C'était aussi la semaine où Simon s'est mis à voir son petit frère de deux ans et à commencer à jouer avec lui !

Simon avait brusquement pris conscience de son image qui l'a d'abord effrayé et de l'existence de l'autre qu'il commençait à voir. Le lendemain, le miroir était masqué par un drap, Simon est rentré à nouveau et resté dans sa salle de jeu qu'il aime beaucoup. Il s'y réfugie sans cesse depuis !

Ton corps, quand tu étais dans ta bulle, tu ne le sentais pas, tel un petit ange à sa naissance. Aucun des petits princes du silence ne le sent vraiment quel que soit le niveau et la forme d'autisme. Tous leurs parents le confirment, au démarrage de la méthode : « il est dur au mal, il ne sent pas la douleur ou peu ». Sans ce ressenti, comme toi, la plupart n'ont pas acquis la propreté.

Au fils des séances, on t'a vu pleurer quand tu te faisais mal et montrer ta blessure, sentir le chaud et le froid et devenir propre.

Jean, à neuf ans, parle comme un livre, en lit trois ou quatre à la fois chaque soir, imbattable en histoire, vivant dans un monde où s'accumulent toutes ses connaissances de façon étonnante. Son imaginaire est extraordinaire. Il enrichit ainsi son « monde » du passé, dans lequel il se réfugie sans cesse. Et pourtant, il ne sent pas son corps, refuse de se regarder dans le miroir sans déguisements. Ne voyant pas l'autre et ressentant mal son corps, Jean ne peut imiter l'autre ni utiliser ses mains pour écrire. Avant de pouvoir imiter l'autre vers un an, le petit enfant doit ressentir son corps et doit avoir la conscience de l'autre qu'il voit.

Au bout de trois mois, tu nous imitais : quelle joie ai-je eue un jour où inlassablement j'ouvrais et fermais devant toi et comme toi un couvercle d'une boîte, j'ai pu croiser ton regard et aussitôt mettant ce couvercle sur ma tête, tel un chapeau, tu fis la même chose.

Chacun de vous, à votre rythme, vous entrez dans cette découverte de soi et de l'autre, dans le ressenti de votre corps, ce qui permet l'imitation naturellement sans aucun apprentissage, à la différence des méthodes comportementales.

Peu à peu vous prenez conscience que vous existez, que l'autre existe aussi.

Tu découvris un jour ton papa et ta maman comme un tout petit qui vers l'âge de dix mois devient « sauvage », parce qu'il fait la différence entre les personnes qui s'occupent de lui : ta maman devient alors unique et tu pleurais en refusant d'aller avec les autres quand elle était présente.

Chacun de nos petits princes du silence passent par cette étape, comme tu l'as fait et à un moment donné, pleurent pour aller dans la salle de jeu avec leurs chers bénévoles tant aimés quand ils voient leur maman. Parfois, les parents nous disent, comme la maman de Jean Benoit, cinq ans, après un an de séances : « on va arrêter, il ne veut plus y aller, on va le mettre dans une école spéciale ». Quel dommage qu'ils n'aient pas accepté : cette réaction était une étape nécessaire de son développement, un progrès et non pas un refus.

Tu as découvert les expressions de notre visage qu'avant tu ne voyais pas ; tu passais beaucoup de temps devant le miroir à les imiter. Sur les livres, tu demandais, sans cesse ce qu'exprimait tel ou tel personnage. En t'éveillant comme un petit, ton masque sans expression tomba peu à peu. Ton visage inexpressif s'anima et ton œil vide devint pétillant. Au bout d'un an, tu acceptais de mettre des chapeaux sur ta tête.

Je t'ai vu au fil des mois prendre conscience de l'autre et de toi ; tu découvrais peu à peu le monde qui t'entourait, les êtres qui le peuplaient. Tu quittais progressivement ton monde d'objets pour devenir de plus en plus présent à notre monde. Au bout de quinze mois, tu dessinais toi-même un bonhomme, signe que tu nous voyais : ce bonhomme est devenu le sigle de notre association.

Dès qu'un de nos Petits princes du silence le dessine, nous le célébrons comme étape de sa première victoire sur l'« autisme » car c'est le signe que l'autre existe ; nous sommes heureux d'en collectionner beaucoup de bonhommes, aujourd'hui !

Le « je »ou « moi » et le « tu » ou « toi » vont peu à peu s'installer après s'être confondus. L'empathie naissait et tu pouvais dire « tu es triste » ?

Tu découvris le monde comme Marie, dix huit ans, qui voulut tout explorer comme un petit qui se met à toucher à tout, tout voir : les magasins, les maisons de ses bénévoles, les placards de la maison.

Tu comprenais peu à peu ce qui se passait autour de toi, tes angoisses diminuaient : le jour, l'heure où ta maman revenait, les changements de lieux, de personnes que tu acceptais de mieux en mieux, les vacances...

Ta belle tête blonde à quatre ans n'avait pas eu le temps d'être marquée par le handicap de l'enfermement. Le visage des petits princes du silence, au fil de l'éveil par le jeu, se détend, devient expressif avec un regard qui s'éclaire et un œil qui pétille. Le visage de Marie, celui de Caroline reprennent peu à peu les traits de la normalité.

J'avais été frappée par l'évolution de ton langage : il suivait exactement celui d'un tout petit enfant, depuis les babillages en passant par les vocalises. Peu à peu tu modulais tes vocalises et chantais. Puis, tu t'es mis à souffler, or le souffle précède la parole. Au bout de neuf mois, après avoir dit non pendant quelques semaines, tu disais tes premiers mots puis tes premières phrases, tes premières questions, et au bout de dix huit mois de jeu, tu nous inondais de tes « pourquoi » ? *Grâce au jeu intensif, tu es passé par toutes les étapes du langage d'un petit.* Tous les petits princes du silence font comme toi, quel que soit leur âge, chacun à leur rythme. Pour tous, le langage est le résultat de dix mois à deux ans d'éveil. Il ne peut arriver tout de suite. Il vient naturellement, doucement, sans apprentissages, par étapes. C'est la « cerise sur le gâteau » de l'éveil de l'enfant. Il se prépare et se met en place des mois et des mois. Pour être un vrai langage de communication, l'enfant doit avoir découvert qu'il existe et que l'autre existe, ce que tu as fait avant de parler. Le langage de l'enfant autiste « Asperger » n'est pas tourné vers l'autre, mais est un langage de « besoin » ou utilisé pour enrichir son monde. Le langage écholalique est un langage obsessionnel fait de répétitions de mots, hors de leur contexte. Ces mots peuplent le « monde » des petits princes comme toi ; sans cesse, ils les répètent. Avec l'éveil par le jeu, aucun de nos petits princes ne passe par cette écholalie durable.

Grâce aux mots arrivés en un an, tu mettais un nom sur chacun de nous et pouvais dire « maman »en la regardant et en la câlinant ; tu les utilisais à bon escient et tu communiquais réellement.

Peu à peu, par l'observation sur le terrain, j'ai compris que cette méthode de jeu intensif, individuel, interactif permet à l'enfant de s'éveiller totalement, de Re-naître en partant souvent de zéro comme à la naissance : introduire une autre méthode pour accélérer celui-ci ne sert à rien qu'à le ralentir au contraire.

Il est difficile d'accélérer l'éveil d'un enfant : il marche quand il est « mûr » pour marcher. Faire de l'entraînement ou de l'apprentissage, en répétant ou en récompensant, ne sert à rien ou à peu de choses.

Par le jeu 3i, à un moment donné de leur éveil, le regard, le pointage, la conscience des autres, de soi, le langage ainsi que les progrès moteurs se mettent en place naturellement sans forcing et sans apprentissage répétitif.

Pour exprimer ce qui se passe et les fondements de la méthode par le jeu 3i, j'ai pris l'image d'un temple grec, c'est-à-dire d'un édifice à colonnes avec deux marches.

Si les marches (soubassement d'un édifice) sont bancales, les colonnes ne tiennent pas.

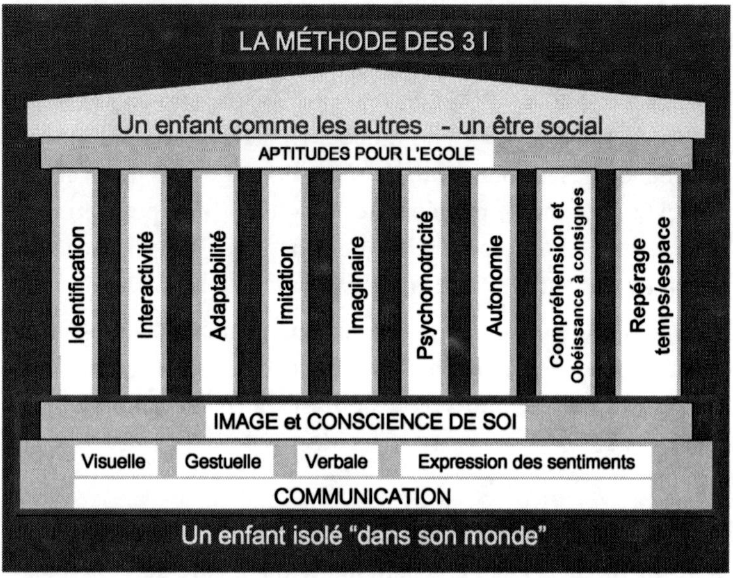

Les marches évoquent ce qu'un tout petit édifie durant les deux premières années de sa vie : la communication visuelle, gestuelle et verbale, ainsi que la conscience de lui, de son corps. Ces marches solides lui permettent de mettre en place par étapes, naturellement, sans aucun apprentissage les colonnes : l'imitation, le faire semblant, l'imaginaire, le repérage dans le temps, dans l'espace ainsi que l'autonomie (manger seul, la propreté), l'adaptabilité, la compréhension, l'obéissance aux consignes, le contrôle des émotions, la conscience du danger...

La marche, le langage, l'imitation, l'imaginaire (autrement dit les colonnes de l'édifice), rien de tout cela ne s'apprend et ne peut s'apprendre si la base n'est pas édifiée ; c'est la base indispensable pour devenir un être humain à part entière.

Les deux marches sont les fondations essentielles de tout être humain.

Avec toi, je n'avais qu'entrevu tout cela, mais peu à peu en voyant évoluer sur le terrain avec compte rendus quotidiens et mensuels à l'appui, tous nos petits princes du silence, j'ai eu la preuve de cette évolution développementale.

Cette clé se confirme chaque jour sur les 150 enfants de tous les âges que nous avons suivis et suivons depuis quatre ans.

J'ai alors mis en place une grille d'évaluation utilisée chaque mois qui se réfère à ces étapes du développement. Elle permet de savoir où en est l'enfant, ce qui reste encore à faire pour arriver au but et ainsi de suivre chacun en fixant les objectifs au fil de leur éveil.

Quelle n'est pas ma tristesse quand un de nos petits princes du silence nous quitte avant d'être arrivé au développement final (trois ou quatre par an) parce que cela va mieux, qu'il est sorti de sa bulle en partie, qu'il commence à communiquer, nous regarde, dit quelques mots et est présent à l'autre.

Pourquoi cette hâte ?

Comme il s'est éveillé et est devenu présent avec un niveau de développement d'un petit de douze à dix huit mois, les professionnels disent aux parents de façon quasi harcelante : « Il a progressé, remettez le à l'école avec une AVS, cela va le sociabiliser », comme si un enfant d'un an pouvait se sociabiliser dans un milieu scolaire ! L'école avec AVS, CLIS ou écoles spéciales les accueillent d'autant mieux qu'ils ne sont plus totalement dans leur monde et peuvent faire quelques apprentissages. Ils arrêtent alors leurs séances de jeu cela suffit à leurs proches. Je pense à deux de nos petits princes du silence bien aimés dont les parents témoignaient après dix huit mois de 3i des progrès fantastiques de leur petit prince.

Il est vrai qu'au bout de dix huit mois de jeu intensif, il est dur aux parents de continuer sur la durée, malgré leurs certitudes et leurs convictions.

Ils les remettent à l'école à plein temps pour les « sociabiliser », dans une CLIS ou école spéciale à petits effectifs avec des enfants à problèmes de développement.

Le résultat est qu'ils savent faire de plus en plus de choses (vélo, patin...) mais que le verbal et la communication avaient peu progressé. Leurs deux mamans me le disaient un an après alors qu'un an avant, tous deux commençaient à dire des mots et sortaient de leur bulle !

Certains vont compléter l'éveil avec une autre méthode pour, pensent-ils aller plus vite. La maman d'un petit prince du silence de sept ans, presqu'arrivé au but avec les 3i en dix huit mois, l'as mis dans une école A.B.A pendant trois mois : « Mon petit garçon, était sorti grâce aux 3i, quasiment de sa bulle présent, souriant, jouant et commençant à parler. Je voulais développer plus vite son langage et l'ai mis dans une école A.B.A. Au bout de trois mois, j'ai retrouvé un robot, complètement « zombie » qui se roulait par terre pour ne pas y aller... Je l'ai enlevé et j'ai repris les 3i ; et depuis, il a à nouveau énormément progressé, suit le CNED avec moi car il est en demande d'apprentissages ».

Je sais qu'A.B.A ou TEACCH, pour avoir suivi des jeunes venus de ces méthodes, donnent des savoir-faire utiles, y compris la parole mais une parole hachée, mécanique et souvent écholalique. Comme l'exprimait lors d'un colloque à Grenoble une responsable A.B.A, les enfants restent dans leur monde tout en étant capables de faire des choses ; en fait,ils les font sans savoir pourquoi ils les font.

Par exemple, après deux ans d'école et de centre thérapeutique, la maman de Sixte, 6 ans, s'aperçoit que ce n'était pas suffisant. Elle a alors introduit A.B.A pendant une année. Il avait fait quelques progrès dans le langage, mais il était en souffrance à l'école, il devenait violent, et le graphisme ne progressait pas. Ne voulant pas une 4ème année de maternelle, elle a mis en place les 3i.

Sixte disait « je » mais ne s'était pas identifié. Son langage n'était pas spontané mais plus écholalique, il répétait les phrases « tu veux un gâteau ? ». C'était approprié mais les phrases ne lui appartenaient pas, le sens n'était pas lié au mot. Il savait nommer les parties de son corps mais il ne pouvait dire où il avait mal quand il tombait. Il parlait mais n'avait qu'une communication de besoin.

ABA, en un an, lui a fait faire des choses. Il semblait un petit garçon comme les autres car il parlait mais ce n'était que travail en surface. A l'intérieur, il était perdu et angoissé et ne comprenait pas... Il donnait l'impression d'être intégré à l'école, mais en fait non, ce qu'il vivait était une véritable torture.

Aujourd'hui, après un an de 3i, il a acquis une vraie communication, naturelle, cela n'a plus rien à voir. Il est présent, commence à prendre conscience de l'autre, a de l'empathie, prend des nouvelles de ses bénévoles, est capable de s'occuper. Il y a encore beaucoup de choses à faire avant d'être re-scolarisé.

Beaucoup de différences apparaissent entre les 3i et ABA :

ABA travaille sur les comportements et les apprentissages alors qu'avec les 3i travaillent davantage en profondeur sur les fondations de la construction d'un enfant : la communication, l'image de soi. Les 3i prennent l'enfant où il en est et l'aident à s'éveiller.

A.B.A c'est faire faire, alors que les 3i, c'est être avec l'enfant, ce qui permet par ces liens de reconstruire l'enfant. Quand l'enfant a rétabli tous les types de communication et a conscience de son corps, il rentre de lui-même dans tous les apprentissages. Avec A.B.A, ils dessinent des bonhommes après des mois d'apprentissages.. Avec les 3i ils le font, spontanément dès qu'ils voient l'autre et ressentent leur corps, sans aucun apprentissage répétitif.

Il serait bon,un jour,de comparer les résultats après 2 ans de méthode intensive.

L'humour et la malice ne s'apprennent pas.

Toi, petit prince du silence, tu répondis à ton grand père qui te tendait quelques petits brins d'ortie en forme de bouquet : « mais, çà, c'est une blague ».Un jour,que celui-ci faisait semblant de monter dans ta voiture à pédales, tu lui dis avec l'œil coquin, « mais toi, avec tes rhumatismes, tu ne pourras pas pédaler ».

Jamais ce mot n'avait été exprimé puisqu'il n'en n'a pas encore !

L'imaginaire, le faire semblant et le symbolique ou la pensée abstraite ne s'apprennent pas non plus. Avec la renaissance par le jeu, cela se met en place naturellement, à un moment donné de l'éveil.

Comme tu nous le montres depuis que tu es sorti de ton monde, ton aspiration est de devenir comme les autres, de ne pas te faire remarquer, avec une grande peur de l'échec… tous sont comme toi.

Cela suppose alors d'aller jusqu'au bout de votre éveil par le jeu 3i, de vous remettre à l'école dès que vous êtes capables de faire comme les autres, sans échec, au niveau des enfants de votre âge.

Il faudrait que les professionnels comprennent mieux qui vous êtes, pour éviter de vous prescrire systématiquement l'école, le groupe, tant que vos perceptions sensorielles ne se sont pas remises à la normalité, car vous y souffrez terriblement.

L'école n'est pas adaptée d'autant que votre développement ne correspond pas à celui d'un enfant de trois ans. Quand vous êtes encore enfermés en vous-mêmes, c'est comme s'ils prescrivaient à un bébé de trois mois d'aller à l'école pour le sociabiliser. En croyant bien faire, ils vous font souffrir terriblement ce qui vous enferme un peu plus : « trop de monde, trop de visages, trop de bruits, trop de stimuli ».

CHAPITRE 8

D'autres Petits Princes sortent comme toi de leur silence.

Ils confirment cette clé de l'autisme

Au bout de dix huit mois à trois ans de jeu intensif, plus d'une centaine de petits princes, comme toi, sont délivrés de leur prison intérieure et deviennent présents à l'autre. Ceci grâce à l'amour, l'enthousiasme, et la patience de plus de 3800 bénévoles qui viennent à tour de rôle pour les faire jouer ! Plus d'une vingtaine de petits princes du silence qui comme toi, sortis de leur enfermement, sont remis à l'école par étapes ou une trentaine bientôt au bout de deux années d'éveil 3i.

Quelle grande joie pour moi quand à une réunion j'entends leur papa dire au bout de quelques mois : « enfin, j'ai un fils à la maison, il est là, présent, il réagit ».

A leur rythme, ils deviennent présents à l'autre et au monde qu'ils découvrent comme toi avec frénésie. Je me souviens qu'à quatre ans et demi à peine sorti de ta bulle, passionné par les étoiles, je t'emmenais les découvrir à l'observatoire de Nice. Tu montais l'échelle et l'œil contre la lentille du télescope géant, tu demandais à l'astronome : « Monsieur, je ne les vois pas bien. Il faut que tu les grossisses beaucoup plus ! »

Cet éveil à la vie n'est pas facile à vivre par les parents et la fratrie des petits princes, habitués à les voir inertes, enfermés en eux-mêmes, ou handicapés. Ils doivent accepter tant les périodes d'opposition, passages nécessaires dans la construction d'une personne que les changements de comportements, positifs, également.

Arriver au but, comme toi, suppose de jouer plus de 4000 heures et souvent davantage, sans week-end ni vacances dans une petite salle d'éveil.

Quel bonheur de les y voir tous comme toi, soulagés de ne pas aller à l'école, de ne pas souffrir du bruit, des visages « vides », d'y retrouver le calme, la sérénité et pour beaucoup le sommeil, dès les premiers jours de jeu individuel.

Quel que soit leur âge, qu'ils aient deux ans ou dix huit ans, ils repassent par les mêmes stades de l'éveil que toi, avec les mêmes jeux, les mêmes étapes du langage, les mêmes câlins et les mêmes bonhommes.

Te raconter leur éveil pourra te rappeler sans doute le tien.

✓ Je commencerai par celui des plus âgés, de 13 ans et plus.

Pour la première fois de leur vie, Pierre à 15 ans comme Marie à 18 ans se sont assis sur les genoux de leur maman et leur ont fait des câlins.

A cet âge, leurs proches qui ont souvent fait beaucoup, n'attendent plus rien et chacun de leurs progrès sont des petits cadeaux. Avec moins de stress et beaucoup de motivation, les progrès sont souvent rapides. Leurs parents disent dès les premiers mois : « pour la première fois de sa vie, il est heureux, il est apaisé, plus calme ». Souvent, leur passé, plein de souffrances les a amenés à la violence, celle-ci disparaît dès les premiers mois de jeu.

Marie criait toute la journée, sans cesser de s'agiter, de virevolter d'un endroit ou d'une personne à l'autre de façon obsessionnelle et rituelle. Le diagnostic n'a été posé qu'à seize ans, après un long parcours à l'hôpital de jour et à l'I.M.E. « La méthode des 3i nous a donné la clé pour la comprendre » ont dit ses parents. Elle ne parlait pas et disait des mots inaudibles. Très vite, elle s'arrêta de crier et les médicaments pour la calmer et la faire dormir seize heures sur vingt quatre devinrent inutiles. Après six mois de jeu intensif, tel « un miracle », elle s'est mise à regarder beaucoup plus les bénévoles, à avoir plus de punch, à se concentrer mieux et à vouloir aller jusqu'au bout de ce qu'elle faisait. Beaucoup de mots nouveaux sont arrivés.

Elle a repris le développement d'un tout petit : elle mit son pied dans la bouche et même se mit à marcher à quatre pattes, bien qu'elle ait des aspirations de jeune fille.

Elle devint souple et agile. Devant ces petits progrès quotidiens, ses parents ont repris le chemin de l'espoir, malgré les passages difficiles.

Au bout de dix huit mois, voilà que Marie se mit à jouer à la poupée puis à la marchande avec sa petite sœur et les autres petits enfants, touchant à tout et explorant le monde comme un tout petit.

Elle put enfin sortir dans la rue sans fuir, au contraire ravie et à l'aise, voulant découvrir ce monde qu'avant elle ne comprenait pas. Une soif d'apprendre incessante et un besoin d'aller vers « l'autre » la rend aujourd'hui de plus en plus « extravertie », ce qui est un comble !

Quel fut mon étonnement, quand, venue animer une réunion chez elle, je vois sur chaque chaise un petit papier blanc avec pour chacun de nous un gribouillage fait par elle, sans qu'on lui en ait suggéré l'idée. Elle est venue voir si chacun l'avait bien vu ! Certes, Marie est épuisante pour son entourage tant son exploration du monde est frénétique ! Jusqu'où ira Marie dans son éveil, je ne le sais pas, mais aujourd'hui elle est une jeune fille heureuse qui revit son enfance avec ses frères et sœurs.

Caroline à quinze ans étonne aussi son entourage par ses progrès fulgurants en moins de six mois. Après un parcours classique, C.A.M.P.S, divers IME, hôpital de jour, école, ses parents ne savaient plus quoi faire.

Rapidement, Ils réunirent une équipe formidable appliquant à la lettre la méthode. Au bout de dix jours, Caroline commença à faire ses nuits sans quatre à cinq réveils et à se calmer le soir. Cela leur a fait drôle ; son langage s'est amélioré avec des verbes et moins d'écholalie. Elle s'intéressa à l'autre et accueillit ses bénévoles. Elle commença à plaisanter. Surtout elle devint autonome pour se laver et s'habiller ou cuisiner en disant « c'est moi qui fais ». Elle adore toujours ses bénévoles qu'elle appelle ses amis. Elle n'a plus de crise d'épilepsie. Elle s'est redressée et a gagné plusieurs centimètres, son visage a changé : un vrai sourire et des yeux qui pétillent… Au bout de huit mois, elle a demandé d'apprendre à lire et à écrire et explore le monde comme Marie, non plus avec cette démarche marquée par le handicap, mais fière aujourd'hui de courir, grimper, sauter, faire du roller.

✓ Les plus jeunes comme toi, bondissent souvent comme des petits champions dans leur éveil. En moins de deux ans parfois, ils redeviennent des petits enfants comme les autres, ce qui étonne parfois le corps médical ou les professionnels de l'autisme, comme en témoigne cette lettre :

« Psychothérapeute-analyste, j'ai la joie d'accompagner une petite fille de cinq ans qui bénéficie de votre méthode. Je suis littéralement émerveillé des effets de la méthode des 3i et de constater les réels progrès faits par cette enfant, tant sur le plan mental, physique que psychologique.

Comme psychanalyste je suis particulièrement interpellée, tout en étant, comme vous persuadée que dans bien des cas de figures (et pas seulement dans celui de l'autisme), il y a toujours une ou des issues possibles. Dans tous les cas, encore bravo pour cette formidable méthode et pour l'espoir qu'elle suscite ! »

Je vais te raconter quelques exemples de petits champions 3i.

Eric, cinq ans, a été notre premier petit champion : quelle émotion cela a été pour son papa de dire publiquement au bout de deux ans de jeu intensif : « Pour moi et les bénévoles, mon fils n'est plus un enfant autiste, il est sorti de son autisme et se comporte comme un enfant normal ».

Françoise, une de ses chères bénévoles raconte son aventure avec lui : « A trois ans, je me trouvais devant un petit garçon qui ne parlait pas, qui criait beaucoup, qui me tirait les cheveux, me griffait, me pinçait et avait le regard perdu. J'ai essayé de mettre en pratique les conseils de la méthode, me mettant toujours à la hauteur de ses yeux, assise ou couchée sur le sol pour capter son regard. Je suis rentrée à chaque fois dans sa bulle pour adoucir ses craintes et ses peurs. Je parlais très bas et très doucement pour l'apaiser quand il criait et était en crise. Je l'ai aidé à faire les gestes et les choses qu'il appréhendait en lui tenant la main et en le félicitant toujours. Cela n'était pas facile de détourner ses stéréotypes en le transformant en jeu. Je cherchais des histoires et des chants qui le captivaient pour obtenir son regard d'abord puis des mots. Jamais, je ne sais à l'avance ce que je ferai pendant une séance. Chaque fois, je me laissais porter par lui. En six mois son regard est devenu très expressif. Il s'est découvert devant la glace, il disait ses premiers mots. Au bout d'un an, il jouait à cache-cache et échangeait verbalement, faisait des petites phrases. La deuxième année, son langage est devenu très élaboré, il imaginait, faisait semblant, jouait au ballon, sautait et parlait de son frère. Il devenait rieur, bavard, malicieux et se concentrait, dessinait son bonhomme. Il y a encore des hauts et des bas mais il progresse et accepte qu'on lui impose une activité si c'est annoncé en début de séances. Quinze minutes d'école à la maison, ce que fait chaque bénévole pour préparer son entrée en dernière maternelle : on note son travail dans un cahier avec des couleurs de gommettes. Il rentre tout à fait dans le jeu. »

A l'école, ce n'est pas facile pour lui de rester longtemps concentré, de ne pas être bavard ou d'accepter que la maîtresse, une de ses anciennes bénévoles, s'occupe aussi des autres mais il apprend avec joie le breton ! »

Timothée, est un petit champion sorti, comme toi, en dix huit mois de son silence : il avait un regard absent et vide, diagnostiqué autiste profond, sans espoir.

Regarde ci-après les images de son parcours, qui ressemble étonnamment au tien.

« Les nouvelles ne sont pas très bonnes, me dit sa maman dans un mail, elles sont excellentes ! Ce samedi a eu lieu la fête pour célébrer la victoire de Timothée. Il a dansé, joué avec ses copains de classe invités. Evidemment, il était avec des personnes connues, mais quand même, vu le bruit et le monde, il s'est super bien comporté. Franchement, à moins de faire très attention, rien ne le distinguait des autres enfants. A l'école, la maîtresse m'a dit qu'il voulait jouer au loup pour avoir peur de jouer pour du « faux » et c'est lui qui a été chercher les autres enfants pour y jouer. Je suis une maman très heureuse, Merci. »

Un autre petit prince sorti de son silence en 18 mois
Timothée, 5 ans.

A 2 ans : des inquiétudes malgré des examens médicaux normaux

Pas de sons ni de mots, ni de regards.
Isolement, grosses crises
Pas de jeux, aucune demande
« Il faut lui laisser du temps, chaque enfant est différent » dit son médecin.

A 3 ans : le diagnostic est posé
Troubles autistiques sévères
Retards de développement

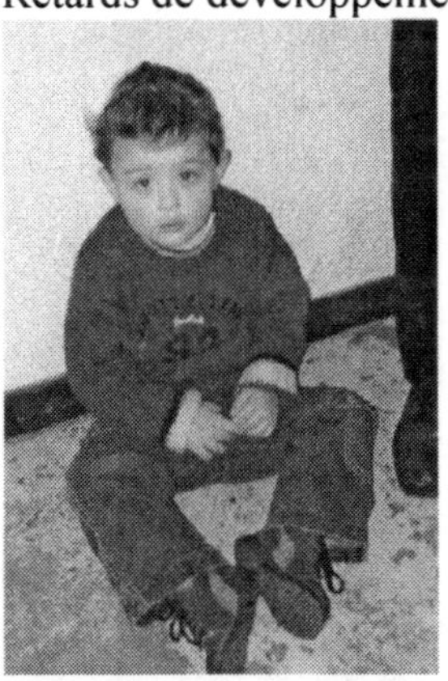

Seule thérapie proposée : un centre de jour (un an d'attente)

A 4 ans, un espoir : une méthode par le jeu 3i (A.E.V.E)
40h de séances de jeu par semaine, relais de 30 bénévoles

Après 2 mois de jeu intensif :

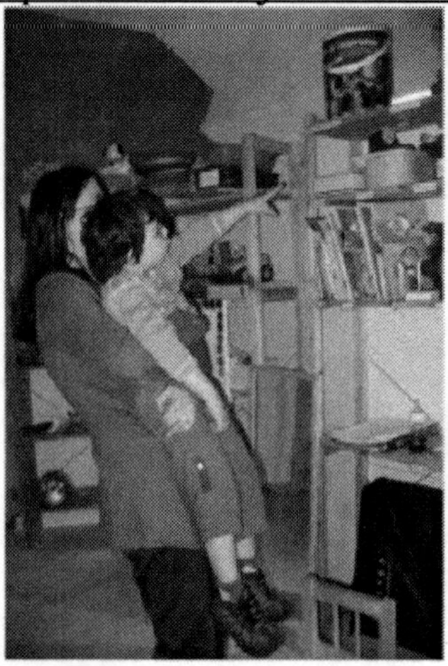

Il pointe
Son regard est plus présent
Disparition des stéréotypes

Après 4 mois de jeu :

Commence à s'intéresser aux livres
Maîtrise le non sans crier
Commence à répondre à des consignes (ranger…)
Beaucoup plus d'interaction avec les bénévoles

Après 7 mois de jeu :

Le regard est très présent
S'isole moins et s'intègre plus dans la vie de famille
Prend conscience de son entourage et de son corps

Imite de plus en plus (dînette, tondeuse…)
Joue avec ses jouets et commence à imaginer
Comprend de mieux en mieux les consignes
Commence à avoir de l'empathie
Chantonne et babille beaucoup
Dit des mots ou ébauches de mots
Commence à dessiner

Après 18 mois de jeu : la victoire célébrée par ses bénévoles

- Le regard est pétillant, exprimant des sentiments
- Le langage est arrivé, petites phrases et des questions.
- Il aime téléphoner
- Il a conscience du danger
- Il comprend que l'autre existe :
- Il console l'autre s'il a mal et lui fait un bisou.
- Il aime apprendre les lettres, les comptines,
- Il tient son crayon et dessine des bonshommes

Après un test au C.R.A de sa région (centre ressource autisme), il étonne tous les professionnels

Adrien, quatre ans et demi, rien ou presque ne le distingue plus des autres. Les tests le jugent presque sorti de l'autisme.

Diagnostiqué autiste profond sans espoir d'amélioration par le C.R.A de Picardie, il ne regardait personne, poussait des cris, ne répondait pas à l'appel de son nom, ouvrait et fermait les portes sans cesse. Il était très enfermé dans sa bulle, se tapant violemment la tête.

Après un mois et demi d'A.B.A non convaincants, les parents se lancent dans la méthode des 3i. Une équipe de bénévoles formidables, bien guidés par des parents enthousiastes et convaincus, l'appliquent à la lettre.

Adrien reprend les étapes du développement non traversées, de façon spectaculaire : regard, pointage, imitation, faire-semblant et le langage. Il parle et emploie le vocabulaire à bon escient avec des intonations différentes. Il raconte des histoires ; comprend les réactions des autres, et a un comportement adapté. Il fait des farces, est très sociable, recherche les enfants. Il apprend plein de choses, les chiffres, l'alphabet. Mais il gère encore mal ses émotions ou répète parfois des phrases. Il continue à plein temps. L'école c'est pour l'an prochain. Ses parents ne sont pas pressés et consolident les acquis.

Laure, à six ans, les médecins la disent aussi sortie de l'autisme.

C'était une petite fille, qui criait et n'avait pas d'interaction. Aujourd'hui, elle sait lire, écrire et elle apprend de manière quasi normale. Son langage est en place et elle me pose des questions sur les mots qu'elle ne comprend pas quand elle lit. Elle se coiffe et s'habille seule ; seul le regard est encore parfois un peu fuyant. Elle a encore des séances 3i le mercredi. Elle invite des amies, est invitée, se dispute avec ses frères. Elle est en CE1 dans une école normale. **La conclusion, c'est que les médecins qui la disaient autiste (à Robert Debré) ne la**

considèrent plus comme autiste. Officiellement elle est sortie de l'autisme, et ils disent trouble de la relation sociale.

Certains petits princes du silence ont d'autres problèmes associés comme l'épilepsie, ce qui peut amener un éveil souvent plus long, des troubles moteurs graves, un enfermement total.

Comme Emmanuelle qui à trois ans était épileptique, ne parlait pas, ne regardait pas, stéréotypait toute la journée. Les progrès d'abord rapides ont semblé stagner l'année suivante, ce qui a été dur pour le moral de l'équipe. Aujourd'hui Emmanuelle est quasiment sortie de sa bulle et n'est plus épileptique. Elle est de plus en plus comme tous les autres enfants avec encore des points négatifs, mais positifs quand on regarde en arrière. En trois ans, les tests PEP qu'elle a passés, montrent qu'elle a gagné deux points et demi en deux ans et demi... son papa dit : « si elle n'a que 18 ans d'âge mental à 20 ans et demi, ce ne sera pas grave ! »

Il faut tenir, ne pas lâcher, comme nous car cela fait bientôt trois ans. Elle est remise à l'école le matin. Les progrès continuent : elle a dessiné son bonhomme.

Christophe, à sept ans était totalement enfermé dans sa bulle. En un mois de séances, il a fait plus de progrès qu'en 3 ans d'hôpital de jour. Au démarrage des 3i, il était un enfant sans regard, hermétique, fermé, n'exprimant aucune émotion ni de colère ni de joie.

Le contour de sa bulle pouvait être comparé à une écorce terrestre très épaisse. Depuis, il avance à pas de fourmis mais il avance. Il regarde et exprime ses sentiments, utilise des gestes pour s'exprimer, répond à des petites consignes, sait de mieux en mieux gérer ses colères et est très câlin. Deux ans et demi, c'est long pour ses parents car c'est un investissement de tous les jours, mais ils ont conscience qu'arrêter aujourd'hui serait du gâchis. Ils s'organisent au quotidien pour durer. Ses deux parents ont choisi de travailler en alternance : ils ont ainsi retrouvé un équilibre familial perdu depuis longtemps. La vie à la maison est devenue plus agréable, ils peuvent enfin sortir et aller chez des amis avec Christophe qui aujourd'hui est calme et détendu.

Maud, à cinq ans, devait aller dans une école pour malentendants et sa maman avait appris le langage des signes. Elle était constamment dans les bras de sa maman, ne regardait que très peu et mettait tout à la bouche comme un bébé en stéréotypant.

Les premiers progrès ont été le début du regard. Elle touchait beaucoup le visage des bénévoles, découvrait son corps en touchant son nez, mettant ses mains dans sa bouche. Au bout de six mois, elle fit des bruits de bouche et y mit ses pieds. Elle fit de formidables progrès moteurs. Elle commença à découvrir le miroir, à le toucher, et maintenant, elle se regarde en mettant ses lunettes. Au bout de neuf mois, elle toucha les mains des bénévoles et les siennes, commença à appuyer sur les boutons et à prendre les crayons pour dessiner. La communication gestuelle se mit aussi en place : elle commence à faire au revoir avec la main. Aujourd'hui, les vocalises sont de plus en plus riches et variées et ont commencé par le souffle. Elle comprend ce qu'on lui dit de mieux en mieux. Elle a dit au bout d'un an « encore » et les mots arrivent : « papa, cola pour chocolat et beaucoup de syllabes, meuh lorsque la bénévole lui dit tu fais la vache » elle imite, tire la langue et marche comme l'éléphant. Elle met de moins en moins dans sa bouche. Elle regarde réellement.

Quelques petits princes ont des gros problèmes moteurs associés à l'autisme. Avec le jeu, leurs problèmes s'estompent peu à peu à l'étonnement de tous les spécialistes.

Quand on voit Félicien redresser en moins de 3 mois sa petite tête qui tombait avec son corps, enchaîné par des sangles sur une chaise pour tenir assis, quelle joie et espoir pour les siens ! Son côté droit était totalement crispé quand il était dans sa bulle. Au bout d'un an, il se tient debout, mange avec ses mains et commence à se déplacer à quatre pattes, se met debout tout seul et n'est pas loin de marcher.

Lola, à cinq ans, court, alors qu'à trois ans elle s'asseyait et marchait difficilement : elle avait un problème moteur et ne savait pas comment se servir de son corps. Tous ses bénévoles ont beaucoup joué au sol, pendant des mois. Lola est venue à nous, s'est mise à sourire, à monter l'escalier, l'échelle, à se déplacer sur le toboggan.

Petit à petit, son visage s'est éclairé. Il a fallu un an pour tout récupérer sur le plan moteur. Dix huit mois après, c'est une petite fille à l'aise dans son corps et qui bouge beaucoup. Elle est joyeuse et participe à la vie de sa maison.

Luc, à 7 ans, avait de gros troubles moteurs et de déglutition : il était nourri par une sonde depuis qu'il avait un an, marchait avec aide, ne parlait pas et avait des troubles épileptiques. Tout petit, ses proches avaient créé une association « Sauvons Luc » pour les aider à le stimuler sans cesse par diverses méthodes basées sur la rééducation et l'apprentissage, tout ceci sans beaucoup de changements. En neuf mois de méthode 3i, sans rééducation, il a fait des progrès moteurs stupéfiants et arrive à se déplacer sur de courtes distances et aujourd'hui à marcher. Ses mains se sont ouvertes et chose étonnante, il s'alimente par la bouche, signe de son éveil comme si son estomac resté sans doute celui d'un bébé d'un mois s'était mis à grandir ?

En même temps, son fort strabisme divergent ne se voit plus : il peut suivre les objets, se regarder dans le miroir et y découvrir son corps. Cela, je l'ai observé sur un certain nombre de petits princes à commencer par toi qui portais pour cette raison des lunettes à dix mois ou d'autres qui ont étonné leur ophtalmologue.

Quel espoir inattendu et bouleversant pour cette équipe qui le suit depuis cinq ans !

Yann, trois ans, a fait aussitôt des premiers progrès fabuleux. Il ne tenait pas assis, n'attrapait pas les jouets qu'on lui tendait, et s'enfermait dans son monde. Les spécialistes avaient gentiment renvoyé chez eux les parents en disant : « débrouillez vous ! ». Les administrations leur ont dit « on ne prend pas en charge ces méthodes, mettez le en institut si c'est grave ».

Ils ont très vite compris qu'ils ne pouvaient compter que sur eux- mêmes pour sauver Yann. On y a beaucoup cru et au bout de quatre mois, les progrès sont là, Yann a vraiment avancé. Se tenir debout, c'est nouveau. Attraper les bulles de savon en riant aussi. Surtout, il s'enferme moins dans son univers, il tourne le regard quand on l'appelle et s'ouvre au monde qui l'entoure... A le voir s'épanouir, on a fait de lui un enfant heureux et rien ne compte plus au monde pour ses parents que le bonheur de leur fils.

Maxime, neuf ans, était enfermé dans sa violence intérieure qu'il exprimait fortement : au bout de deux mois de séances, les progrès sont extraordinaires, après un parcours difficile. C'est une renaissance. Il ne parlait pas, il se met à parler normalement. Son agressivité a quasi disparu. Un volontaire après quatre semaines nous dit qu'elle avait l'impression de jouer avec un enfant ordinaire. Ce ne sont pas des petits progrès mais des grands progrès ! En un an, Martin a acquis le regard et se regarde dans le miroir ; il fait souvent douze km de vélo avec son grand père et cherche à jouer avec les autres enfants. Avant, il était violent et était obsédé par les « méchants ». Il commence à tenir son crayon spontanément et dessine (des dessins de bébé) puis son bonhomme ci-joint qui exprime encore son « mal-être intérieur ».

Je t'ai donné là quelques exemples de progrès fabuleux et de biens d'autres, je pourrais dire les mêmes choses.

Pourquoi cette méthode par le jeu donne-t-elle ces résultats ? C'est un sujet que je vais tenter d'éclairer, à l'aide des découvertes faites par les chercheurs depuis 2004.

CHAPITRE 9

Des pistes pour justifier cette clé de l'autisme

Petit Prince, toi qui es si « rationaliste », qui aime bien savoir le pourquoi des choses, je vais te livrer quelques pistes suggérées par les dernières découvertes. Elles pourraient justifier pourquoi tu as pu sortir de ton monde en jouant.

Les chercheurs depuis quelques années semblent confirmer ce que j'ai découvert sur le terrain en t'observant, toi, et les autres petits princes du silence.

En premier lieu, l'autisme n'est très probablement pas un problème psychiatrique. J'en étais convaincue dès le départ et c'est ce qui m'a engagé à chercher d'autres prises en charge pour toi et a motivé mon déplacement aux Etats-Unis.

L'autisme, depuis 2004, n'est plus considéré comme une psychose mais comme un trouble neuro-développemental : il toucherait en 2010, un enfant sur cent naissances contre un sur 1000 en 1990. Les trois quart sont des garçons.

Cela justifie donc un traitement autre que par psychothérapie, donc, pourquoi pas par des méthodes de type éducatif qu'elles soient développementales ou comportementales. La piste génétique semble se confirmer.

D'après les chercheurs, tu aurais souffert d'un dysfonctionnement de ton système neuronal. Tu aurais eu à ta naissance comme tout bébé à peine un quart de tes neurones et c'est peu à peu que ceux-ci s'établissent. Au fil des mois, ces connexions, auraient dû te permettre de t'éveiller à la communication, à la conscience de toi, des autres.

Ces connexions neuronales semblables à des fils électriques reliant les zones de ton cerveau, tu ne les as sans doute que mal ou peu établies pour des raisons génétiques que nous verrons après.

Les chercheurs montrent effectivement que tes connexions neuronales à un an étaient moindres que celles d'un enfant normal, avec une déficience des neurones miroirs. Tes neurones miroirs s'activent lorsque tu exécutes une action et lorsque tu observes une action chez l'autre : ils reproduisent en miroir le comportement de l'autre comme si tu étais en train d'exécuter l'action. Ils te sont donc essentiels pour comprendre les actions des autres et pour imiter, pour comprendre les émotions, ce qui permet l'empathie. L'imagerie médicale montre, chez les petits princes comme toi, une mauvaise activation des neurones miroirs lors de l'observation des actions d'autrui, donc un dysfonctionnement du système neuronal miroir.

Ces neurones sont localisés dans ton cortex frontal et lobe pariétal inférieurs, régions impliquées dans la perception sociale, l'imitation et la perception des expressions faciales. Tu avais comme les autres petits princes un amincissement du cortex. Il y aurait une corrélation entre l'amincissement de la zone miroir et le degré d'autisme.

Or, le bébé, dès sa naissance est capable d'imitation : plusieurs expériences le prouvent et moi-même, j'ai vu un de mes enfants de deux mois exprimer un sourire de compassion, un jour où sa nounou venait de perdre un proche, comme s'il avait déjà de l'empathie. Cela voudrait dire que les neurones miroirs et d'autres neurones aussi n'ont pas dû se mettre en place dès ta naissance.

Donc, tu as dû les créer pour passer par toutes les phases du développement comme on t'a vu le faire dans ta salle de jeu.

Ce dysfonctionnement neuronal a dû ainsi bloquer partiellement ton développement tant moteur (pour certains totalement) que celui de la communication, de l'éveil de la conscience et de tes perceptions sensorielles. Cela voudrait dire que pour toi, comme pour les autres autistes, ton éveil se serait bloqué à l'âge d'un mois alors que ton cerveau grandissait et à trois ans tu étais au niveau de développement d'un bébé. Donc tu n'avais pas les moyens de communiquer les pensées, les idées, les sentiments qui se développaient en toi, déformés par tes perceptions sensorielles « primitives » alors que ton cerveau se développait, d'où tes crises horribles.

Ton réseau neuronal était différent des autres petits princes du silence d'où les multiples formes ou niveaux de l'autisme ? Certaines connexions sont faites mais pas les autres pour certains petits princes plus atteints.

La non-interconnexion neuronale peut être totale ou presque, comme ce jeune de vingt-cinq ans qui en est encore à l'âge du hochet, mettant tout à la bouche, incapable de mâcher ou de tenir une cuillère malgré tous les traitements qu'il a eus à l'hôpital de jour ou en IME.

Certains n'ont pas les connections motrices, d'autres ont les connexions verbales et parlent (comme ceux appelés Asperger). Ils masquent par leur parole tous leurs autres troubles du développement identiques aux autistes : stéréotypes, obsessions, mal être, perceptions sensorielles... Ils se servent de leur langage pour enrichir leurs centres d'intérêt obsessionnels et devenir spécialistes d'un domaine.

Pour eux, le traitement par le jeu intensif est le même et a réussi avec plusieurs des petits princes « Asperger » suivis.

Tu vas me demander : d'où vient ce dysfonctionnement ?

Plusieurs pistes sérieuses semblent confirmer l'origine génétique.

Le Professeur Thomas Bourgeron de L'Institut Pasteur de Paris a isolé et identifié plusieurs gênes de l'autisme depuis 2004 et a plus récemment observé des délétions au niveau des gènes synaptiques comme le Shank3.

Une fragilité génétique pouvant être activée par des facteurs déclencheurs, aurait empêché certaines connexions neuronales ou synaptiques de s'établir entre les différentes zones de ton cerveau. Des expériences sur les souris confirment cette déficience des gènes créant les synapses entre les neurones : une souris est devenue autiste c'est-à-dire qu'elle a arrêté de chanter en ultra-sons et s'est isolée du groupe après une « délétion » du gène « Shank3 ».

Cette fragilité génétique amènerait soit ce dysfonctionnement à la naissance comme pour toi, soit plus tard pour cause d'un facteur déclencheur externe qui l'entraînerait ou l'aggraverait.

Par exemple, le manque de soins et d'amour donnés à un bébé, comme dans le cas des orphelins roumains, ne permettent pas à l'éveil normal de se faire, puisqu'il n'y a pas de stimulation ni du regard, ni du sourire, ni des gestes.

Parmi ces enfants non aimés et abandonnés affectivement, un certain nombre deviennent autistes ou se développent mal, incapables d'apprentissages ou de concentration. Cela voudrait dire que leurs connexions neuronales se sont mises en place partiellement les deux premières années de leur vie. Le manque d'amour pourrait créer ce même dysfonctionnement neuronal et bloquer aussi le développement de l'enfant.

Cela rejoint la thèse de Bruno Bettelheim affirmant que le manque de liens et d'amour d'une maman envers son enfant peut causer l'autisme (ou une « nounou » aimante puisque maman ne devient « maman » que vers dix/douze mois). Quand un bébé a un mois, sa nounou ou sa maman le stimulent sans cesse ou presque pendant ses quelques heures d'éveil, au moment des biberons ou de la tétée, de plus en plus de temps au fil des mois. Si on délaisse l'enfant, qu'on l'abandonne de longues heures, qu'on ne cherche pas à entrer en relation par le jeu ou le regard, l'éveil de celui ci posera problème : les connexions neuronales doivent alors se ralentir ou s'établir incomplètement.

Notre méthode le confirme : c'est l'affection des bénévoles, sans attente, venant jouer avec les petits princes du silence comme avec un tout petit (faire joujou), dans la salle de jeu (comparable à un nid ou un berceau) qui recrée les connexions neuronales par cette stimulation aimante et intensive, de l'heure du réveil à l'heure du coucher.

D'autres facteurs déclencheurs pourraient faire « sauter » les synapses fragilisées par une prédisposition génétique : par exemple, un déclencheur biochimique qui agirait comme un poison dans le cerveau et engendrerait une délétion des synapses joignant les neurones (vaccins porteurs de métaux lourds, intolérance d'un estomac resté poreux au gluten et à la caséine, empoisonnement au mercure).

Cela pourrait expliquer qu'un quart des petits princes du silence se développent apparemment normalement jusqu'à dix huit mois et que tout à coup, ils s'arrêtent de regarder, de parler et régressent tout en développant les obsessions et les stéréotypes comme si tout avait sauté brusquement : l'exemple du garçon de sept ans cité ci-dessus en est l'illustration.

Mal connectées, les parties de ton cerveau ont dû grandir isolément.

Le Dr Martha Herbert, neurologue à Harvard, a pu observer dans une même région du cerveau des autistes beaucoup trop de connexions locales, et trop peu de connexions à distance avec les autres parties du cerveau. Les liens entre régions du cerveau sont bien insuffisants, ce qui amène chaque partie du cerveau à se développer isolément des autres en grandissant.

Chacune fabrique de la matière blanche en plus grande quantité (comme l'a exprimé un article du Times de juin 2006). Tu as ainsi dû fabriquer davantage de matière blanche et avoir un cerveau de volume anormal : à 4 ans, il serait celui d'un enfant de 13 ans, d'où les capacités exceptionnelles que tu as révélées dès que tu as pu communiquer. Les parties de ton cerveau n'étant pas ou mal reliées entre elles, tu pouvais les faire marcher séparément : c'est sans doute pour cela que toi, tu avais développé le calcul mental de façon extraordinaire (dans ton petit monde ce qui te donnait des sensations de grand bonheur) et quand tu t'es mis à parler, tu nous as aussitôt montré ce que tu avais acquis tout seul.

Si vous êtes tous musiciens, sans exception, c'est que (les chercheurs viennent de le découvrir) la musique n'est pas l'apanage d'un secteur du cerveau spécialisé comme le langage ou autre mais de tout l'ensemble du cerveau. Donc, il n'y a pas besoin de connexions pour l'entendre et vous l'entendez parfaitement !

Recréer des neurones, c'est possible.

Le Pr Nouchine Adjikhani, médecin, Phd en imagerie cérébrale de la Harvard Medical School de Boston a affirmé lors du congrès organisé par Autisme France en 2009 : « Le cerveau est un organe qui a la capacité de se modifier avec l'entrainement tout comme un muscle. On peut ainsi changer la structure du cerveau. » Notre cerveau est ainsi plastique à n'importe quel âge de la vie puisque nous fabriquons des neurones jusqu'au jour de notre mort, à condition de le stimuler.

Grâce à la malléabilité de ton cerveau, tu as probablement crée ces neurones entre les différentes parties de ton cerveau qui te manquaient :

Jouer... jouer seul à seul pendant plus de 5000h en deux ans, t'a permis de recréer ces fils électriques (neurones) entre les zones de ton petit cerveau (sans lésion), qui ne s'étaient pas mis en place ou qui avaient sauté au niveau de la jonction (synapses) pour des raisons génétiques probables et non par le manque d'affection de tes parents !

Ainsi, l'intensivité de la stimulation par le jeu, pratiquée individuellement t'a permis d'établir peu à peu ces connexions neuronales manquantes et de mettre en marche ton processus d'éveil tant au niveau de la communication, de la conscience, et du développement moteur que de tes perceptions sensorielles.

Les orthophonistes peuvent recréer le langage chez des adultes privés brusquement de parole suite à une lésion dans leur cerveau. Cela par stimulation intensive de la parole qui permet de fabriquer de nouveaux neurones dans une région non lésée du cerveau. C'est exactement ce que nous avons fait avec toi de façon plus globale.

Donc, tu comprends maintenant pourquoi ces 5000 heures de jeu intensif t'ont amené à t'éveiller et à mettre en place, ce qui te permet maintenant de bien travailler à l'école et de communiquer avec les autres.

Cette méthode des 3i bien appliquée fonctionne et amène les mêmes résultats quelle que soit la forme du trouble du développement et l'âge.

Mes souhaits encore rêvés mais qui sait ?

✓ Il serait intéressant que biochimistes, généticiens, pédiatres, neurologues,

Professionnels de l'autisme, chercheurs par imagerie médicale se mettent autour d'une table pour essayer de faire des liens entre leurs convictions et leurs savoirs.

Peut- être confirmeraient-ils ensemble ce que mon intuition de départ confortée par l'observation sur le terrain et l'intérêt pour les dernières découvertes m'ont amenée à proposer comme clé de l'autisme ?

✓ Il faudrait que tous les petits princes du silence, quel que soit leur âge, puissent renaître comme toi. Cela veut dire, que tous, devraient recréer cet éveil manqué, petit, par l'intensité du jeu individuel avec des personnes aimantes.

Comment appliquer cette méthode à tous, même en institution ?

J'y pense et désire depuis trois ans créer des centres d'éveil 3i appelés ateliers « ludeveil ». Ces centres créeraient des salles de jeu pour trois à six enfants, dans une maison accueillante qui ne serait pas un hôpital, et où les bénévoles aidés et encadrés par des professionnels du jeu viendraient les faire jouer.

Le projet se heurte à chaque fois au manque de subventions.

Ou bien, comme c'était mon premier projet, de créer ces centres à l'intérieur des écoles ou lycées à condition d'accepter l'entrée des bénévoles dans les établissements scolaires.

✓ Il faudrait qu'ainsi à l'avenir aucun petit prince du silence ne soit plus accueilli dans ces institutions remarquables crées pour eux, qu'elles soient en Belgique ou en France mais qui ne traitent pas le problème en amont, ce que nous faisons.

Les sanatoriums ont bien disparu quand la tuberculose a su être traitée !

Sortis de votre monde, vous êtes des personnes à part entière, vos capacités remarquables émergent et vous pouvez vous intégrer dans la société, à commencer par l'école, ce qui est le premier but de l'Association créée grâce à toi : « Autisme Espoir Vers l'Ecole ».

Puisses-tu ne jamais connaître cet environnement collectif, certes remarquable des institutions ou des hôpitaux psychiatriques mais dont tu ne sortirais jamais !

La sœur de Sandrine Bonnaire en est l'illustration.

L'important pour moi n'est pas en priorité de me battre sur le terrain politique, médical ou médiatique car un jour, les résultats parleront d'eux-mêmes.

L'essentiel est la joie de voir tous ces petits princes sortis du silence avec leurs yeux pétillants de bonheur et d'intelligence. Leurs sourires et leur présence font vite oublier à leurs parents ces années difficiles. Comme la joie d'une naissance d'un bébé fait oublier les durs neufs mois d'attente ou l'accouchement. Les voir repasser par chaque phase du développement est vécu comme une renaissance de l'enfant.

Réussir à leur faire quitter leur monde pour le nôtre, est comme un sommet d'une montagne à gravir : plus on monte et progresse, plus on réalise que le sommet à atteindre est haut. On trébuche, on redescend parfois, on craque et on s'arrête à mi chemin comme parfois des parents le font.

Il faut du courage et de l'énergie pour atteindre ce sommet.

Petit Prince, puisses-tu avec tous les autres arriver à ce sommet, avec le bonheur d'être comme les autres. Et proclamer à tous que tu es devenu un être vivant à part entière. Que vaincre l'autisme est possible à condition que nous vous aidions à ouvrir cette porte fermée à clé !

Augustin, je vais laisser la parole à une de tes anciennes bénévoles bien-aimées qui t'a éveillé tout au long de ces longs mois et t'a amené au plaisir des mots que tu partages avec elle de temps à autre.

Elle témoigne, de l'intérieur, de la qualité de cet éveil par le jeu. Elle est comme le porte parole de ces 3800 maillons qui, dans l'amour et la gaieté, entourent par le jeu aujourd'hui nos petits princes du silence en rentrant doucement dans leur petit monde avec un plaisir tel que le petit prince accepte de rentrer peu à peu dans le nôtre… Et cela est gagné le jour où en les regardant, un petit prince du silence leur dit : « S'il te plait, dessine-moi un mouton » ou quand il dessine par lui-même un bonhomme !

2ÈME PARTIE

Lettre d'une bénévole à son petit prince du silence

"S'il vous plait,

pour que je dessine un bonhomme, ne me mettez pas trop vite dans une classe, c'est trop grand, trop bruyant.
Donnez moi d'abord un petit endroit bien à moi pour jouer avec vous tous, qui m'aimez."

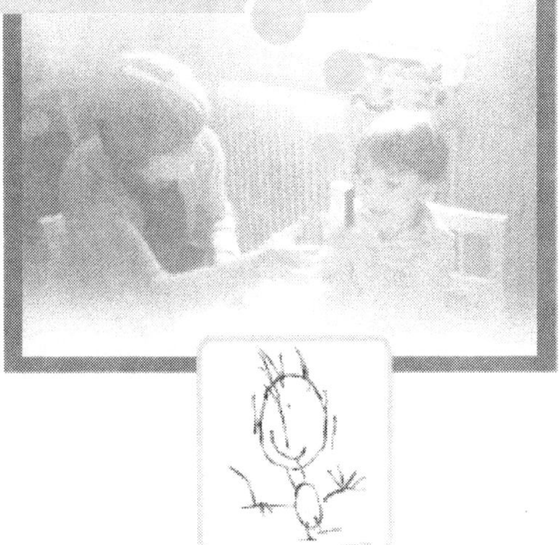

"Voilà ce que j'ai dessiné au bout d'un an"

CHAPITRE 10

Sur une plage ensoleillée

Cher petit Augustin, je voudrais te raconter une belle histoire : ton histoire. Elle commence dans le royaume du silence (qui s'apparente à l'autisme). Mais de quel droit, te dis-tu, vais-je ainsi entrer dans ta vie, dans tes pensées, dans tes sentiments ?

Pendant deux ans, j'ai fait partie d'une équipe de bénévoles. Nous t'avons suivi régulièrement pour te sortir de ce silence qui embuait tout ton être. Comment ? Tout simplement en te stimulant intensivement par le jeu. Je te raconterai tout cela. Mais avant tout, je veux te dire que ce cheminement fait avec toi m'a agrandi le coeur, la patience et l'esprit. Ce furent de beaux échanges entre toi et « tes » bénévoles, et aussi, de fructueux rapprochements des bénévoles entre eux. Cette lettre (et ce livre) te sont donc dédiés en signe de profond remerciement, car tout le temps que l'on t'a donné, nous l'avons reçu en bonheur-boomerang : bonheur de ta progression, bonheur de notre douceur retrouvée, bonheur de cette affection réciproque. J'espère que tu sentiras tout cela derrière ces lignes que ma main a écrites sous la pression du coeur : voilà donc ton histoire.

La plage, en ce début d'Août caniculaire, vibrait. Elle vibrait de toutes ses harmoniques : le soleil, la mer, le vent léger, orchestraient une symphonie de chaleur particulièrement appréciée en Bretagne, surtout, en côte du Nord, je veux dire en côte d'Armor (nouvelle A.O.C de la région, plus compatible avec l'argumentaire aguicheur des dépliants touristiques). Nous étions là, un groupe d'amies, grand-mères à la retraite imminente, en services de vacances, dans un volontariat obligé auprès de nos petits enfants. Assises sur le sable, nous formions cercle, sorte de « bouse » arrondie sur le sable, (des journalistes, lors d'une lointaine enquête, avaient joué de la métaphore en employant ce terme de « bouse », nom qui est resté collé dans les imaginaires locaux). Dans ce cercle imagé donc, chacune s'arrangeait pour orienter sans trop de divergence inesthétique, un oeil sur ses petits enfants, et un oeil sur ses amies. A intervalles irréguliers l'une d'entre nous s'élançait en courant, soit pour relever un bambin qui pleurait de toute sa bouche ensablée, soit pour séparer deux petits garçons qui s'attribuaient la même pelle ou encore rattraper un petit seau qui partait gaillardement vers la mer, l'anse blottie dans la main d'une petite fille intrépide et inconsciente de ses dix-huit mois cahotants.

Au milieu de cette convivialité agitée, stationnait un beau petit garçon blond dont les grands yeux calmes contrastaient avec la vivacité ambiante. Il s'appelait Augustin ; oui, c'était toi. Tu étais assis près de nous, trop sage, trop immobile, trop figé. C'est, du moins, ce que certains parmi nous ressentaient. Mais ta propre grand-mère avait devant les yeux le voile affectif de toute grand-mère, qui l'empêchait de voir la réalité. Quand elle te mettait assis à l'arrière de sa voiture, elle n'avait pas besoin de t'attacher tant tu restais là où on t'avait posé, raide comme une statue. Sur la plage, tu demeurais assis, ne manifestant même aucune sensibilité du regard, ne lançant vers nous aucune banderille d'intelligence ou de sentiments. Tu te contentais de tenir ouvert dans ta main un petit livre cartonné d'enfant. Et pour peu que le livre soit à l'endroit, ta grand-mère interprétait ton calme olympien comme la qualité exceptionnelle d'un enfant qui savait lire à notre insu, bien avant de parler. Ah, on ne dira jamais assez la dynamique imaginaire et embellissante des grand -mères pour leurs petits enfants ! Une indifférence souveraine grandissait avec toi ; indifférence aux êtres, mais pas aux objets, du moins à certains objets devenus progressivement sujets de toutes tes attentions. A deux ans tu semblais fasciné par les portes que tu ouvrais ou fermais inlassablement avec une dextérité étonnante. Jamais tu ne te pinçais les doigts ! (Dommage chuchotait en nous un coupable souhait d'apprentissage par l'expérience). De même pour la lumière, tu te jetais sur une lampe et ne la quittais plus, actionnant avec frénésie l'interrupteur, faisant clignoter devant tes yeux l'alternance du noir et du lumineux. (Nous ignorions à l'époque que c'était les prémices de ce que l'on désignerait plus tard sous le nom de gestes stéréotypés).

Autre avant signe, tout aussi inconnu : Augustin, dans ton lit, cherchant, peut-être le sommeil, tu te balançais d'avant en arrière en te soulevant. Alors, on entendait le bruit d'une petite tête qui se laisse tomber sur le matelas, à une cadence régulière, oui, régulièrement inquiétante car vide de sens.

CHAPITRE 11

Montée de l'« étrange »

Parallèlement à tous ces gestes incompréhensibles pour nous, mais qui correspondaient certainement à un besoin chez toi, s'aggravait cette non communication de ton visage. Un si joli petit visage, avec de si beaux yeux, et qui n'exprimait rien, pas même l'ombre d'un sentiment, quelle tristesse !

Petit à petit, ton entourage proche soupçonnait quelque chose de pas « très normal », surtout ta grand-mère. Car les parents dans ce cas-là ne peuvent pas prendre le recul minimum d'observation : ils sont dans la dépendance affective totale, aveuglés d'affection.

Un jour là-dite grand-mère était venue nous voir et nous devisions autour d'un café, quand, tout à coup, elle me confia: « Tu sais, je m'interrogeais au sujet d'Augustin, et j'ai répondu aux questions posées, à la fin d'un article, sur l'autisme. Il était dit que si l'on disait « oui » à quatre questions sur dix, le diagnostic de l'autisme était probable. Or, me dit-elle sur un ton d'angoisse retenue, j'en ai coché dix ! C'est « oui » pour les dix ! Tu te rends compte ! Augustin est autiste, cela ne fait aucun doute » ! Comme cette amie, (la grand-mère), dès qu'elle rencontre un problème, fonce tout de suite, pensant « qu'il n'y a pas de problème il n'y a que des solutions » ; elle a décortiqué devant moi les différentes possibilités pour attaquer la réalité qui se cache derrière ce mot redoutable: autisme.

Déjà le fait d'oser prononcer le mot lui a permis de déblayer le terrain. A grand problème, grands moyens; elle a réfléchi tout haut. Je n'étais qu'une oreille attentive, prête à encourager si besoin est. Bien décidée à agir vite, elle avait déjà pioché autour d'elle des informations. Ainsi avait-elle connaissance, par une amie, de méthodes par le jeu qui n'existaient pas en France mais aux États-Unis. De plus, elle pensait qu'il fallait, rapidement, aller sur place pour en prendre connaissance. Quelques jours plus tard, elle avait réussi à se mettre, en accord avec ton autre grand-mère, très réceptive également, et, c'est ainsi qu'elles entamèrent aussitôt, toutes les deux, un stage aux U.S.A. (Les deux parents, enfoncés dans une inertie d'accablement, avaient missionné leurs mères respectives, sans vraiment y croire, étant trop sous le choc pour y aller eux-mêmes).

Elles en revinrent, pleines d'enthousiasme et de documents, prêtes à transmettre leurs fraîches connaissances et intuitions, d'abord à tes deux parents, ensuite à tes deux grands-pères, puis à toute une chaîne d'amis qu'elles n'eurent pas de mal à convaincre.

*

CHAPITRE 12

Comment combler cette « non-communication » ?

C'est ainsi qu'est née cette équipe de bénévoles (une trentaine). Ils se sont jetés à l'eau dans une expérience qui se construisait tout en se vivant collectivement. Le principe est simple : stimulations sensorielles intensives de l'enfant autiste par le jeu pour lui faire sentir par lui même le monde et les êtres.

En effet si nous analysons ce symptôme, nous nous apercevons qu'un enfant autiste souffre d'un manque total de communication avec autrui. Or l'être est essentiellement un être communiquant. Il se construit dans sa relation aux autres. Et précisément cette relation aux autres passe par le corps et les cinq sens. Le petit bébé va reconnaître très vite sa mère par l'odeur, la vue, le toucher, le goût aussi et l'écoute des bruits et des paroles.

Cette progression conjointe des cinq sens au cours du développement d'un enfant, se fait tout doucement, dans le silence organique de l'association naturelle du temps et de la vie.

Nous sommes chacun le produit d'un espace-temps intérieur qui nous encadre et nous construit, et façonne notre destin. Mais lorsqu'un blocage vient gripper le fonctionnement de cette évolution naturelle. Il faut accompagner la nature défaillante et venir aider l'enfant (à tout âge) à rattraper les « manques » de certaines étapes de son évolution. En repassant par ces passages obligés du bébé (attraper son pied, marcher à quatre pattes, boire un biberon, faire des câlins...). L'enfant peut repartir à zéro, et sentir de l'intérieur sa capacité personnelle à faire grandir tout son être, avide de sensations et perceptions nouvelles enrichissantes. Mais essayons de voir, cher Augustin, comment se sont passées ces séances de stimulations sensorielles

*

CHAPITRE 13

L'en « jeu » des bénévoles

Longue et périlleuse fut la marche intensive des bénévoles centrée sur ta progression individuelle, comme un pèlerinage où l'on se retrouve tous par étapes, commentant cette marche et créant tous ensemble des modifications d'itinéraires ou des encouragements bienfaisants.

Au tout début, chaque « séance » de bénévole se soldait par un constat d'échec. Les objectifs fixés ne dépassaient pas un bout de « regard » à capter et les moyens mis en place servaient souvent de tremplins pour une improvisation salvatrice : l'imitation gentille d'un geste stéréotypé permettait d'entrer dans ton jeu et de le transformer doucement en activité positive. Cependant, il était bien utile d'avoir ces structures sur lesquelles appuyer ta progression.

On trouvait concrètement dans la petite salle de jeu/ balançoire, miroir, toboggan… ainsi que des jeux répartis en hauteur sur des étagères : dominos, puzzles, maxi perles, organicubes, repérage, lotos divers, pâtes à modeler… Nous disposions aussi, surtout les premiers temps, de grilles d'évaluation bimensuelles. Ainsi nous devions noter les jeux faits et les moments de communication ou les difficultés.

Les réunions de bénévoles, tous les quinze jours, mettaient en perspective dynamique le compte-rendu consigné par chaque bénévole sur le grand cahier après chaque séance.

J'ai donc consulté ces deux grands cahiers en essayant d'en extraire, d'une part les impressions générales qui s'en dégagent, et, d'autre part, les remarques plus ponctuelles.

Impressions sur ces cahiers :

Ce qui me frappe, après lecture de tous ces comptes rendus, c'est la minutie avec laquelle est refait le chemin, minute par minute, de cette plage d'une heure trente passée avec l'enfant. Chacun est bien sûr le reflet de la personnalité de celui qui l'a écrit. Mais tout de même, tous révèlent l'esprit de la méthode qui enjoint le bénévole à compresser au rouleau de sa patience toute autorité, toute volonté personnelle. Car la rencontre avec l'enfant de son regard, puis de sa compréhension, sont à ce prix. C'est incroyable ce que chacun, à sa manière, toujours humble, a su, auprès de toi, se faire enfant. C'est l'effacement calme et doux de l'adulte pour entrer avec toi dans le monde ludique par le biais de tes gestes répétitifs qu'il faut accepter puis adopter pour, très vite, par la pirouette d'un rire, les adapter au jeu.

Augustin, petit Prince,
Blotti sur ta planète
Nous t'offrons nos sourires
Afin que tu les voies.
Nous t'offrons nos chansons
Pour que tu les entendes

Et que tu puisses aussi
Saisir les sensations.

Augustin, petit Prince,
Au bord de notre monde,
Nous t'offrons notre amour
Et la toute confiance
Que tu peux toute prendre
En nous disant merci
Par un simple regard
Qui scelle la rencontre.

Augustin, petit Prince,
Au pays du sourire
Ayant fait quelques pas,
Nous jouons à tes jeux
Et proposons les nôtres.
Nous suscitons tes rires
Pour qu'à travers l'humour
Passe un plaisir d'échange.

Ce qui me frappe aussi, c'est que chacun a compris qu'il fallait s'attarder, donner un sens au moindre comportement ; (exemple : jeu de rythme, une main en ombre chinoise sur le mur de la chambre ; tu souris, puis la main, en ombre chinoise, fait l'animal qui te parle, re-sourire, tu veux faire pareil, Claude t'aide et tu découvres sa main en ombre chinoise sur le mur).

Ce qui me frappe aussi, c'est cet enthousiasme constant à te féliciter en soulignant la moindre onde de progression ;

exemple : dans un jeu il fallait remarquer que la poupée manquait. Parvenir à te faire dire le mot poupée, compte tenu du stade où tu étais, devenait une victoire. Tu as reçu le bravo sincère du bénévole comme une médaille convoitée.

Ce qui me frappe encore, c'est la décomposition minutieuse des gestes de la séance, parfois jugée catastrophique. Par exemple tu as tout refusé, tu as piqué une colère ou tu t'es réfugié dans plusieurs stéréotypes. Mais ce n'est pas grave, car même si tu es resté allongé sur ton tapis, le bénévole lui s'est allongé aussi pour capter tes yeux à sa hauteur, te chanter des chansons... que tu pourras chantonner à ton tour à une autre bénévole. Car chaque progrès s'enracine dans un humus profond constitué indistinctement par la somme anonyme des efforts de tous les bénévoles.

Augustin, petit Prince,
Avec toi nous marchons
Vers le pays des mots;
Avec toi nous chantons
Le bonheur des comptines
Pour que tu nous regardes
Et que l'on se comprenne
Au moyen de paroles.

Augustin, petit Prince,
Grâce à toi nous allons
Au fond de notre cœur
Chercher l'humilité
La patience et l'amour
Pour mieux te rencontrer

Dans les balbutiements
A découvrir le monde.

Augustin, petit Prince,
Tu apprends la douceur
Que l'on découvre en nous
Car c'est toi qui nous guides
Dans ce lent pas à pas
Que l'on ne connaît pas
Et dont l'incertitude
Aspire à du bonheur.

Tu nous as emmenés dans cette grande aventure qu'a été pour toi, comme pour tout enfant, le franchissement de toutes les étapes du développement. Le regard en est le premier stade, puis le gestuel accompagnant le regard du bébé que nous avons tous été. Tu comprends, l'enfant autiste ayant un trouble de la modulation sensorielle, reçoit les sensations soit de manière trop forte, soit de manière trop faible.

C'est pourquoi, cher petit Augustin, certaines perceptions émotives étaient retardées. Mais alors, quelle joie à l'apparition du vrai rire, non pas nerveux, mais porteur de farce. Comme, par exemple, avec un bénévole qui te faisait jouer avec de la pâte à modeler, avec malice, tu t'es assis sur une bande pour en faire une galette, puis tu as jeté une autre boule dans le verre d'eau. Grande aussi, fut la joie, quand le premier mot apparut, puis ta première phrase autonome, exprimant une création toute personnelle.

Ainsi, tu jouais à la dînette avec une bénévole, vous faisiez tous les deux semblant de préparer du thé, puis de le boire. Et, de toi-même, tu as lancé, dans un geste de profonde respiration bienfaisante : « ça fait du bien »! Ce faire « semblant » est réconfortant et n'est-il pas déjà la grammaire de l'imaginaire ?

Ou encore, je me souviens d'un jeu de ballon avec toi où tu apprenais doucement à vouloir « gagner ». Je soulignais tes deux points déjà gagnés, alors que moi, je te disais, d'un air piteux, « j'ai zéro point » ! Ta réponse m'a fait rire quand tu m'as dit avec conviction, « c'est pas beaucoup zéro » ! Un peu plus tard, à ce même jeu, j'étais ravie quand j'ai découvert que tu essayais de tricher pour gagner; et, aussi, lorsque, pour te moquer de moi, tu proféras mon injure favorite, celle qui, grâce à une retenue éducative devant les enfants, me fait lancer en deuxième choix: « Zut, zut, zut » !

Augustin, petit prince,
Comme tu parais heureux
Heureux des quelques mots
Naissant fragilement
Sur tes lèvres surprises,
Heureux de tes paroles
Cherchant d'autres paroles
Aux coins de tes silences.

Augustin, petit prince,
Comme tu parais heureux
Heureux de notre joie
Qui répond à la tienne,
Heureux de nos dialogues
Denses comme un regard,
Sautillants comme un rire
Et forts comme une phrase.

Augustin, petit prince,
Merci pour ce bonheur
Qui nous fait retrouver
Dans la magie des mots,
Dans la magie des sens,
En toute patience
Un peu de cet enfant
Que nous avons été.

*

CHAPITRE 14

Un an de marche avec toi

Veux-tu savoir ce que l'on ressentait au bout d'un an, avec toi, de jeu ?

Quand tu avais deux ans, tes parents, grands-parents, ont formé une équipe d'amis, tous volontaires, pour t'aider à sortir d'un mutisme d'autisme.

Au tout début, tes yeux ne laissaient pas filtrer, sous d'absentes paupières, l'éclat d'un seul regard. Et progressivement, par le jeu, par l'amour, nous avons pénétré dans ton monde fermé : nous avons imité tes gestes répétés pour leur donner un sens et sentir avec lui l'impossible expression. Puis doucement guidés par l'amour et le jeu, nous avons, avec toi, érigé la douceur en patiente rigueur. Nous nous sommes lancés dans le tout inconnu, nous raccrochant aux branches d'improvisation, quand tous nos grands efforts de communication se heurtaient à un mur qui signait notre échec.

Et, petit à petit, sous nos yeux attentifs, tu te reconstruisais, à petits pas d'amour, à petits pas de jeux, exprimant peu à peu, ce que tu vois en toi par réflexion de l'autre. Ainsi, s'échafaudaient de lentes constructions par la grâce surprise d'un regard échangé, par la demande osée d'un petit doigt pointé, par la voix qui prépare, en chantant, la parole.

Enfin, un an après, ta communication fit un bond de géant par la magie des mots. Et là, tu rejoignis le chemin d'expression de tout enfant petit, qui relie la pensée aux mots dans l'explosion, de la vie rayonnante, de la vie créatrice, de la vie... simplement.

Quel saut de joie pour nous aussi…un an après, te rends-tu compte !

Augustin, petit Prince,
Tes regards maintenant
Nous disent la présence
En affirmant l'intense
Désir de progresser
Par le bon appétit
De ta curiosité
Qui se met en question.

Augustin, petit Prince,
Ton sourire nous appelle
A partager ta joie
Pour tant de découvertes;
Ton langage s'ébauche
Exprimant ta pensée,
Fragile, qui se bouscule
Aux bords de mots nouveaux.

Augustin, petit Prince,
Tu agrandis nos coeurs
De l'amour échangé
Avec cette confiance,
Et sur l'autonomie
Que tu auras conquises,
S'enracine l'espoir
D'avenirs prometteurs.

CHAPITRE 15

Ton amour des mots

Veux-tu savoir comment tu m'as menée par le goût...des mots ?

Augustin, tu avais un instinct de caméléon; tu calquais tes préférences sur les spécificités de chacun des bénévoles, que ce soit la musique, l'astronomie, la géographie ou l'amour des mots...

Après la venue gratifiante du langage, lorsque j'arrivai dans la salle de jeu, tu ne manquais pas de me demander :

« Je veux jouer aux mots ».

« Oui, si tu veux, nous allons chercher trois mots chacun à tour de rôle »

(Je te disais cela très doucement en détachant les syllabes).

Je commençais donc par un mot facile; j'écrivais la première et la dernière lettre en marquant entre elles deux, des tirets destinés à chaque lettre. (C'est le principe du pendu). Ainsi, je choisis une lettre qui, soit atterrit sur un tiret, soit constitue un bâton d'attente. Tu es radieux quand tu trouves le mot ! (On est loin de l'apathie dont tu faisais preuve un an plus tôt quand tu n'avais pas le sens du jeu ni l'envie de gagner). Ce jeu était devenu le hors d'œuvre de la séance qui te mettait dans un appétit de bonne humeur et d'énergie. Alors, ensuite, tu acceptais de faire un jeu figurant dans le programme que je m'étais fixé (réparti selon les quatre grands axes : psychomotricité, psychomotricité fine, rythme et tri, et « faire semblant »). Enfin se méritait la récompense finale : je te lisais un petit livre (avec des mimes que tu faisais avec moi, en fonction de ton humeur). Tu avais une prédilection pour « drôle de surprise » ; l'histoire d'un petit lapin qui, au bout d'une course intrépide, finit dans un gros « plouf » avec ses amis. (Ce « plouf » te gonflait les joues d'une joyeuse sonorité).

Plus le temps passait, plus tu aimais apprendre de nouveaux mots, que tu répétais après moi, les savourant comme une gourmandise. Tu adorais m'accueillir en me lançant un mot récemment devenu ton ami. C'est ainsi que tu m'abordas au son d'un mot pêché sans doute dans une « B.D » ou un conte d'horreur.

« Patibulaire, patibulaire, ça veut dire quoi ? ». Surprise par l'aspect peu enjoué de ta question, je répliquais :

« Patibulaire, patibulaire, -(répétition qui chez moi servait de variable d'ajustement à mon hésitation)- eh bien, cela veut dire: qui est inquiétant; par exemple, on peut dire une mine patibulaire, cela signifie une mine très triste, qui fait peur ».

Malgré ta forte progression en expression et en vocabulaire, je n'allais pas te dire... Cela vient du latin *patibulum* = gibet... J'aurais d'ailleurs ainsi été entraînée vers d'autres questions gigognes sur le gibet...Non! Stop! Mais comme tu es revenu plusieurs fois sur cette question, je craignais un peu que cela ne devienne un petit « stéréotype ».

J'ai cherché quel mot pourrait t'attirer et chasser ce mot patibulaire trop morose pour mon goût. Heureusement, récemment, Bernard Pivot, poursuivant dans un de ses livres son désir de réhabiliter certains mots tombés dans l'oubli, réveilla un mot que j'affectionnais depuis longtemps.

Je te proposais alors une partie de mots à tirets. J'écrivis donc : **C------------S.** Bien sûr, tu fis une drôle de tête en voyant cette longueur. Je ne te laissais pas tout chercher. Après quelques lettres trouvées (notamment les voyelles, car tu avais pris l'habitude astucieuse de les chercher en premier, cela donnait : **CA-A-I—OUI—ES,** et je t'assénais d'un ton ferme et joyeux, **carabistouilles !** Je me gargarisais avec ce mot chantant, dansant volontiers avec ses synonymes : bêtises, fariboles...qui m'aidèrent à t'expliquer le mot.

Il me sembla que le processus de répétition des carabistouilles fit l'effet escompté, car je n'entendis plus jamais parler de patibulaire, alors que mes carabistouilles, que j'ai laissées à l'ombre, furent retrouvées quelques six mois plus tard au cours d'un jeu de mots. Tu t'en souvenais !

Et maintenant, si je te parlais de ta petite sœur ?

CHAPITRE 16

Sous le regard de ta petite sœur...

Elle est née quand tu avais deux ans, juste avant que tes parents ne prennent conscience de ta « différence », ou plutôt, disons que les personnes de la garderie qui t'accueillaient de temps en temps ont délicatement attendu sa naissance pour alerter tes parents sur le caractère un peu inquiétant de ton comportement : gestes répétitifs, enfermement dans une solitude intouchable...

Ta petite sœur a grandi tout à fait normalement, dès qu'elle a obtenu sa première autonomie, la marche, elle est venue vers toi, et tu l'as un peu bousculée et rejetée. Mais qu'à cela ne tienne, elle n'était pas découragée par tes rebuffades et son élan de petite sœur continuait à te solliciter avec persévérance pour le rire et le jeu.

Ton entourage était un peu inquiet, se demandant s'il était bon de te laisser faire de ta sœur un permanent souffre-douleur.

A ce stade de leur questionnement, intervint fort heureusement la visite de ta grand-mère et d'une bénévole ici présente, à un grand professeur qui eut l'immense gentillesse de nous recevoir chez lui. Ce professeur s'était beaucoup intéressé à l'autisme durant sa brillante carrière. Il écouta avec la modestie d'une grande intelligence l'exposé de la méthode que toute l'équipe tentait fructueusement avec toi.

Il nous encouragea vivement à poursuivre cette aventure, reconnaissant que nous avions un grand avantage par rapport à l'hôpital : le nombre de bénévoles permettant de démultiplier les heures de stimulation intensive de l'enfant autiste. Encouragée par la bienveillance de ses propos, ta grand-mère lui demanda s'il ne fallait pas « protéger » en quelque sorte ta petite sœur des brusqueries muettes de son frère. Car le moins que l'on puisse dire c'est qu'elle ne comprenait pas tes attitudes. La réponse tomba claire, sereine, réconfortante : « ne vous inquiétez pas, sa petite sœur, sera sa meilleure thérapeute ». Nous sommes reparties rassérénées en savourant tout ce potentiel de positif.

Nous avons donc, galvanisées par ses conseils, laissé ta petite sœur suivre son instinct, t'apporter sa joie, son rire, sa fraîcheur, en un mot toute son affection, sans cesse et sans cesse donnée alors que tu la rejetais. Mais elle revenait et revenait affectueusement vers toi. Un jour elle vint vers moi à la fin d'une « séance » de « faire semblant » vécue avec toi et me demanda : « pourquoi moi je n'ai pas de séance ? ». Cette mignonne question chatouilla et éveilla ma sensibilité. A partir de ce jour je lui accordai sporadiquement quelques séances. Elle y avait bien droit et j'étais nulle de ne pas y avoir pensé !

Tu vois, ta petite sœur, c'est vraiment quelqu'un de délicieux et qui t'aime tellement. D'ailleurs on a pu constater la finesse de sa sensibilité et de son intelligence quand un jour elle a dit, parlant de toi : « mon petit grand-frère ». Elle avait tout compris !

*

Cher petit Augustin

Quand tu liras cette lettre essaie de sentir en filigrane la très belle chaîne de solidarité qui s'est élaborée autour de toi avant de s'amplifier auprès de tant d'autres. C'est une jolie multiplication…qui donne du courage.

Comment ne pas se réjouir face à ces cent cinquante parents aujourd'hui qui, avec un enthousiasme patient, découvrent la renaissance d'un enfant devenu tout simplement « présent » à sa famille…comme un cadeau.

Conclusion

Pardon, petit Prince, pour les nombreuses redites inévitables, faisceaux de convergence de nos regards pointant leur sollicitude vers l'enfant autiste. Ces redites sont aussi le reflet des différents angles d'observation nécessaires à la compréhension du petit monde des autistes. Ces redites évoquent également la persévérante ronde de solidarité des bénévoles qui pratiquent de patientes répétitions, faisant preuve d'une grande capacité d'amour sous-jacent.

Stimulation individuelle, intensive et interactive, tels sont les trois maîtres mots de la méthode des **« 3i »,** interprétée par chacun selon les dominantes de son tempérament.

On ne voulait donc pas se priver de ces riches et multiples éclairages rayonnant de %+toutes leurs forces centrifuges.

Et puis ces redites, ne nous rapprochent-elles pas du monde de l'autiste, avec ses gestes répétés, qu'il faut nous aussi répéter avec lui (au début)...pour l'apprivoiser.

Enfin toutes ces redites ne sont-elles pas l'emblème de la stimulation intensive par le jeu ?

Pour trouver le chemin de la communication, tout enfant doit donner un sens à chacun de ses regards dans lequel il fait passer des sensations, perceptions et sentiments, qu'il pourra ensuite repérer et exprimer à nouveau, comme le petit poucet, dont les regards-cailloux baliseront le bon itinéraire!

Maintenant, je m'adresse à vous tous : Louis, Luc, Pierre, Héloïse, Laure, Théophile, Vincent ? Nathalie, Félicité, Simon, Ventiane, Jean-Baptiste, Yann…et des dizaines d'autres qui sont sortis de leur « bulle » et à tous ceux qui sont en marche pour ne plus avoir « l'âme prisonnière », à vous tous donc je fais une demande :

Si vous apercevez un petit prince du silence sachant vous regarder et se dégager de lui-même de la friche des peurs, des enfermements, des colères et des violences et si en plus vous le voyez « sertir » son regard-pierre-précieuse avec des étincelles de malice accrocheuses aux coins des yeux, alors vous pourrez dire que c'est déjà presque gagné ! Que la renaissance n'est pas loin ! même si elle n'est jamais tout à fait accomplie…

L'HARMATTAN, ITALIA
Via Degli Artisti 15 ; 10124 Torino

L'HARMATTAN HONGRIE
Könyvesbolt ; Kossuth L. u. 14-16
1053 Budapest

L'HARMATTAN BURKINA FASO
Rue 15.167 Route du Pô Patte d'oie
12 BP 226
Ouagadougou 12
(00226) 76 59 79 86

ESPACE L'HARMATTAN KINSHASA
Faculté des Sciences Sociales,
Politiques et Administratives
BP243, KIN XI ; Université de Kinshasa

L'HARMATTAN GUINEE
Almamya Rue KA 028
En face du restaurant le cèdre
OKB agency BP 3470 Conakry
(00224) 60 20 85 08
harmattanguinee@yahoo.fr

L'HARMATTAN COTE D'IVOIRE
M. Etien N'dah Ahmon
Résidence Karl / cité des arts
Abidjan-Cocody 03 BP 1588 Abidjan 03
(00225) 05 77 87 31

L'HARMATTAN MAURITANIE
Espace El Kettab du livre francophone
N° 472 avenue Palais des Congrès
BP 316 Nouakchott
(00222) 63 25 980

L'HARMATTAN CAMEROUN
BP 11486
(00237) 458 67 00
(00237) 976 61 66

Achevé d'imprimer par Corlet Numérique - 14110 Condé-sur-Noireau
N° d'Imprimeur : 78636 - Dépôt légal : avril 2011 - *Imprimé en France*